W0055127

ullstein

Das Buch

Wie oft hätte man dem hochnäsigen Kellner gern im rechten Augenblick eine knackige Replik vor den Latz geknallt, anstatt sich später darüber zu ärgern, ihm zu viel Trinkgeld gegeben zu haben? Wäre es nicht ein besserer Tag geworden, wenn man dem Idioten, der einem die Parklücke weggeschnappt hat, einen verbalen Knockout verpasst hätte? Wieviel Egoboost könnte einem die souverän gesetzte Spitze gegenüber dem zufällig getroffenen Expartner verschaffen, anstatt lauter Klöße im Hals zu haben? Dieses Buch soll Ihnen dabei helfen, all die frustrierenden Momente, in denen man hilf- und sprachlos auf der Bühne des Lebens steht, in eine Arie der Schlagfertigkeit zu wandeln. Denn der Umgangston draußen wird immer schärfer, die gute Kinderstube gibt's höchstens noch bei Ikea im Ballparadies. Es ist an der Zeit, sich die geeignete Munition für den verbalen Gegenschlag ins Magazin zu laden. Im erbarmungslosen Selbstversuch haben die Autoren ein Antworten-Arsenal gesammelt, das Sie mit Hilfe dieses Buches aus vollen Rohren verballern dürfen.

Die Autoren

Erik Haffner, geboren 1976, arbeitet seit 1998 als Regisseur und Autor im Comedy-Bereich. Unter anderem war er an der Entwicklung von *Bernd, das Brot* beteiligt, ebenso an *Ladykracher*, *Pastewka* und *Switch Reloaded*.
David Gromer, geboren 1973, arbeitet seit 1998 als Regisseur, Autor und Comedian bei bumm film. Zuletzt schrieb und inszenierte er unter anderem Bernhard Hoeckers Bühnenprogramm und die BR-Comedy-Talkshows *Sauhund* und *Habe die Ehre*.

Erik Haffner
David Gromer

Ääh ist keine Antwort

Schlagfertige Sprüche
für alle Lebenslagen

Ullstein

Besuchen Sie uns im Internet:
www.ullstein-taschenbuch.de

Originalausgabe im Ullstein Taschenbuch
1. Auflage April 2014
© Ullstein Buchverlage GmbH, Berlin 2014
Abbildungen im Innenteil: Fotolia/© Kreatiw
Umschlaggestaltung: ZERO Werbeagentur, München
Titelabbildung: plainpicture/Westend 61;
Fotograf Dieter Heinemann
Satz: KompetenzCenter, Mönchengladbach
Gesetzt aus der Syntax LT Std
Papier: Pamo Super von Arctic Paper Mochenwangen GmbH
Druck und Bindearbeiten: GGP Media GmbH, Pößneck
Printed in Germany
ISBN 978-3-548-37489-5

Inhalt

Vorwort

In dem Film *Indiana Jones und der letzte Kreuzzug* gibt es eine Sequenz, in der sich Indy durch die Katakomben von Venedig kämpft und in einem Labyrinth tief unter der Stadt nach einem Ausgang sucht. Den findet er irgendwann in Form eines Gullideckels. Langsam steckt er seinen Kopf ins Freie und blickt in Dutzende verblüffte Gesichter. Denn unangenehmerweise befindet sich der Abwasserkanalverschluss direkt im Außenbereich eines vollbesetzten Cafés mitten auf dem Markusplatz. Nach einer kurzen Sekunde der Schockstarre findet Indy zu seiner gewohnten Lässigkeit zurück, schaut gespielt überrascht und sagt: »Ahh! Venedig!«

So viel Spontaneität kann man nur an den Tag legen, wenn man einen Hut und eine Peitsche trägt. Oder wenn man Drehbuchautoren hat, die einem den richtigen Satz für jede Situation in den Mund schreiben. Leider reicht's bei den meisten von uns Normalsterblichen – und da nehmen sich die Verfasser dieses Buches nicht aus – im Eifer des Gefechtes oft nur für ein aus der Pistole geschossenes »Äähhh«. In Verbindung mit einem grenzdebilen Gesichtsausdruck.

Wie oft hätte man sich schon gewünscht, dem hochnäsigen Kellner im rechten Augenblick eine knackige Reprise vor den Latz zu knallen, anstatt sich im Nachhinein auch noch darüber zu ärgern, ihm zu viel Trinkgeld gegeben zu haben?

Wäre es nicht ein deutlich besserer Tag geworden, wenn man den Idioten, der einem die Parklücke vor der Nase weggeschnappt hat, mit einem verbalen Knockout niedergestreckt hätte, als vor Wut kochend eine halbe Stunde um den Block zu fahren? Und wie viel Egoboost könnte einem die souverän gesetzte Spitze gegenüber der zufällig getroffenen Exfreundin verschaffen, anstatt vor lauter Klößen im Hals zu klingen wie Veronica Ferres?

Dieses Buch soll helfen, all die frustrierenden Momente, in denen man wie im Scheinwerferlicht auf der Bühne der Sprachlosigkeit steht, in eine Arie der Schlagfertigkeit umzuwandeln. Zu oft wurden die Autoren dieser Zeilen von ebenjenem Licht geblendet und hätten sich gewünscht, die Souffleuse wäre nicht gerade in der Mittagspause. Das soll Ihnen, die Sie diese Sammlung lustiger, frecher und cleverer Antworten gekauft haben, nicht widerfahren!

Denn machen wir uns nichts vor: Da draußen herrscht Krieg! Der Umgangston wird immer schärfer, und die gute Kinderstube gibt's höchstens noch bei Ikea im Ballparadies. Es ist Zeit, sich die geeignete Munition für den verbalen Gegenschlag ins Magazin zu laden.

Im erbarmungslosen Selbstversuch haben sich die Autoren jahrelang unbewaffnet an die Front begeben und in oft schmerzlicher Nachbetrachtung ein Antworten-Arsenal gesammelt, das Sie jetzt mit Hilfe dieses Buches aus vollen Rohren verballern dürfen.

Doch Vorsicht: Auch wenn die Feder sprichwörtlich oft schärfer als das Schwert sein kann, sollte man gut abwägen, wen man mit solch einer Feder kitzelt. Denn gerade bei Menschen mit einer beruflich zugesicherten Machtposition steht ebendiese oft konträr zu ihrem Humorverständnis. Beispielsweise verstehen Sicherheitsbeamte am Flughafen bei der Gepäckkontrolle keinerlei Spaß, wenn es um die Worte »Bombe«, »Explosion« oder »Entführung« geht. Ein nicht zu benennender Autor dieses Buches musste dies – wohlgemerkt VOR 9/11 – am eigenen Leib erfahren, als er aus einem pubertierenden Reflex heraus eine junge Frau beeindrucken wollte, indem er besonders keck mit ebendiesen Worten witzelte, während er gerade von einem bulligen und sichtbar von seinem Job frustrierten Security-Mann abgetastet wurde. Eine anschließend auf den Rücken gedrehte Hand und die damit verbundene entwürdigende Körperhaltung bewirkten bei der Angebeteten übrigens das exakte Gegenteil.

Wie Sie es also von Packungsbeilagen und Apothekern kennen, übernehmen die Urheber der hier versammelten Mittel keine Verantwortung für etwaige strafrechtliche Konsequenzen, Körperschäden oder gebrochene Herzen. Trotzdem steht es natürlich jedem frei, seine eigenen Erfahrungen beim Spontanantworten zu sammeln. Es sei aber explizit erwähnt, dass der Verlag keine Feilen in den Knast schickt!

Zögern Sie trotzdem nicht, dieses Buch komplett auswendig zu lernen. Denn nur dann ist wirklich gewährleistet, dass Ihnen in jeder Alltagssituation mehr als ein »Äähhh« einfällt. Und zwar ohne dass Sie dafür Hut und Peitsche tragen müssen.

Noch etwas: Nicht alle Antworten sind geschlechtsneutral. Ein paar von ihnen eignen sich eher nur für die Dame (♀) oder den Herrn (♂).

Dienstleistungen und Service

Wenn der Berliner Taxifahrer »Wo soll'n dette sein?« fragt

a) Entschuldigung, dass ich so schlecht vorbereitet bin.

b) Ach, Verzeihung, ich dachte erst, Sie seien Taxifahrer. Pommes rot-weiß, bitte!

c) Wie, die Straße gibt's noch gar nicht? Verflucht! Welches Jahr haben wir?

d) Zum Bahnhof. Von dort aus nehm ich mir dann ein Taxi.

e) Kann ich Ihnen das in zwei Wochen beantworten? Bis dann habe nämlich ICH meinen Taxischein gemacht.

f) Ich Idiot! Ich dachte, gelbes Auto ist gleich Taxi! Zwei Briefmarken bitte.

g) Ist das hier das Quiztaxi? Wenn ja, nehm ich den Telefon-joker.

h) Hab ich einen Saugnapf? Oder warum seh ich aus wie ein Navi?

i) Bei »B«, wenn das hier »A« ist.

j) Anscheinend nicht in der Stadt, in der Sie Ihren Taxischein gemacht haben.

k) Ganz in der Nähe der Woher-zum-Teufel-soll-ich-das-wissen-Straße.

l) Reicht Ihnen Deutschland oder brauchen Sie noch den Planeten?

Wenn im Restaurant deine Reservierung vergessen wurde

a) Worauf notieren Sie sich die Reservierungen? Auf Salatblättern?

b) Tja, dann müssen Sie jetzt wohl einem anderen Gast gleich eine ganz schlechte Nachricht überbringen.

c) Sie wollen einen Journalisten, der Gastro-Tipps schreibt, einfach so hungrig stehen lassen …?

d) Und wie erklären wir das jetzt Ihrem Geschäftsführer?

e) Okay, ich warte hier, bis Sie den Schreiner geholt haben, der uns einen neuen Tisch zimmert.

Wenn der arrogante Kellner dich konsequent ignoriert

a) Herr Geschäftsführer, schicken Sie mir doch bitte mal den Kellner vorbei, ich würde wahnsinnig gerne bestellen!

b) Verzeihung, wie viel kostet der Laden hier, damit ich Sie feuern kann?

c) Hallo – ich hätte gerne zu meinem Tee noch einen Kanister Brennspiritus. Vielleicht bemerken Sie mich ja, wenn ich mich anzünde.

d) Herr Ober, kann ICH vielleicht IHNEN etwas bringen?

e) Ihr Trinkgeld wird immer weniger. Gleich zahlen Sie meine Rente.

f) Ich würde ihnen ja gerne einen blasen, aber Sie haben ja noch immer nicht die Latte, die ich vor einer halben Stunde gerne bestellt hätte.

Wenn der Kellner dich fragt, ob der versalzene Fraß geschmeckt hat

a) Für Hundefutter nicht schlecht!

b) Ich brüll ihnen die Antwort in die Keramik.

c) Hunger ist der beste Koch. Wollen Sie DEN nicht vielleicht einstellen?

d) Gruß in die Küche – für einen Maurer kocht der Mann nicht schlecht.

e) Sag ich Ihnen, wenn der Würgereflex nachgelassen hat.

f) Wir kommen gerne wieder – wenn alle anderen Restaurants zu haben.

g) Können Sie mir den Rest einpacken? Vielleicht werde ich damit die Ratten im Keller los.

h) Können Sie mir den Rest einpacken? Mein Fensterkitt ist alle.

i) Können Sie mir den Rest einpacken? Unsere Oma hat Verstopfung.

j) Ach, das war MEIN Essen – ich dachte, das waren die Reste vom Vorgänger.

k) Tut mir leid, ich bin Kanalreiniger und kann leider nichts essen, das mich an meine Arbeit erinnert.

l) Danke, ich bin von Amnesty International und immer interessiert an neuen Foltermethoden.

m) Fast so gut wie das Essen im Krankenhaus, in dem ich mir jetzt den Magen auspumpen lassen muss.

n) Vielleicht gibt es irgendwo auf der Welt eine Spezies von Aasfressern, die diese Frage mit »ja« beantworten würden.

Wenn der Kellner den Teller abräumt, obwohl du noch kaust

a) Für Fast Food war's aber ganz schön teuer!

b) Soll ich Ihnen meinen Geldbeutel dalassen? Dann könnten wir schon raus, während Sie abkassieren.

c) Ich helf Ihnen, das Geschirr in die Küche zu bringen, dann sind wir noch schneller hier weg.

d) Ach, haben Sie hier Minutenpreise? Na, dann aber ganz schnell die Rechnung!

e) Moment – ich geb ja schon mein Bestes, aber schneller krieg ich den Fraß einfach nicht runter.

Wenn die Hotelkräfte das Frühstücksbuffet um 10:01 Uhr komplett abgeräumt haben

a) Es geht doch nichts über deutsche Pünktlichkeit, ihr Nazis.

b) Ist der Gast nicht König? Dann wünscht euer Herrscher jetzt zu speisen!

c) Beschäftigt ihr hier illegal Heinzelmännchen? Oder wie habt ihr es geschafft, das Buffet in 60 Sekunden abzuräumen?

d) Wo habt ihr gelernt? Am Nürburgring beim Boxenstopp?

e) Ihr seid mindestens zu dritt – ich hatte nie eine faire Chance!

f) Ist das Frühstück wirklich so mies, dass ihr es verstecken müsst?!

g) Okay, die Feuerübung habt ihr bestanden. Und jetzt serviert bitte das Frühstück!

Wenn dir die hübsche Hotelrezeptionistin beim Auschecken die Rechnung für »Erotikmedien« überreicht

a) Ich muss das aus beruflichen Gründen anschauen.

b) Ich dachte, das wär 'ne Romantic Comedy, und wollte sehen, ob's ein Happy End gibt.

c) Ich kannte den Film schon und wollte wissen, ob sie noch mal auf den gleichen Typ reinfällt.

d) Ich schreibe gerade meine Doktorarbeit über »Pornographische Unterhaltungsprogramme im deutschen Hotelfernsehen«. Wollen Sie 'ne Abschrift haben, wenn ich fertig bin?

e) Ich war schockiert über das Frauenbild in diesen Filmen! Wollen Sie mir vielleicht heute Abend beweisen, dass es noch Mädels gibt, die sich erst NACH dem Essen ausziehen?

f) Ich war schockiert über das Männerbild in diesen Filmen. Darf ich Ihnen heute Abend vielleicht beweisen, dass es auch Männer gibt, die intelligent schauen, selbst wenn sie einen Orgasmus haben?

g) Kann es sein, dass ich Sie in einem dieser Filme erkannt habe? Und wenn nein, würden Sie gerne mal?

h) Ich wurde gestern überfallen und gezwungen, das anzuschauen.

i) Ich kann nichts dafür, ich habe Porno-Tourette und bin in ärztlicher Betreuung. Das geht auf Rezept.

Wenn dich die Putzkraft im Hotelzimmer auf dem Klo erwischt

a) Können Sie um mich rumwischen, wenn ich die Füße anhebe?
b) Also, die Dusche wär noch frei …
c) Abputzen!
d) Guten Tag. Kann ich Ihnen was zu trinken anbieten?
e) Ich würde Sie gerne wieder zur Tür begleiten, aber ich behalte lieber Platz.
f) Fotos kosten extra.
g) Ich würde Sie jetzt gerne blitzdingsen.

Musterbrief: **Wenn der Postbote die Pakete nicht abliefert, obwohl du definitiv zu Hause warst**

Lieber Postbote,

ich kann verstehen, dass Sie sich nicht trauen, bei mir zu klingeln. Angst ist ein menschliches Gefühl, für das man sich nicht zu schämen braucht. Aber ich kann Ihnen versichern, dass sich der Zwischenfall mit Ihrem Vorgänger nicht wiederholen wird. Zum Ersten ist Göbbels viel ruhiger geworden und beißt nur noch zu, wenn er sich ernsthaft bedroht fühlt. Solange Sie bloß langsame Bewegungen machen, leise sprechen und ganz flach atmen, kann Ihnen fast nichts passieren.

Zweitens ist meine ansteckende Hautkrankheit zu großen Teilen wieder abgeheilt, und das Tropeninstitut wird demnächst auch wissen, um welchen Erreger es sich eigentlich handelt. Und zu guter Letzt kann ich Ihnen garantieren, dass unsere Kinder keinen Zugang mehr zu scharfen Schusswaffen haben und mit striktem Fernsehverbot bestraft werden, wenn sie noch einmal den Klingelknopf an die Autobatterie anschließen.

Sie sehen, es ist inzwischen völlig ungefährlich, bei uns zu klingeln und die Pakete abzugeben, auf die wir seit Tagen fieberhaft warten.

Wir freuen uns auf Ihren Besuch!
Ihre Familie [NAME]

Wenn der Friseur fragt: »Wie schneiden wir's denn?«

a) Ab. Weil dran geht ja schlecht.
b) Wir? Zahl ich dann nur den halben Preis?
c) Schön fänd ich ganz gut.
d) Kürzer.
e) Am besten mit Schere und Haartrimmer.

Wenn dein Friseur dich total entstellt hat

a) Okay, jetzt haben wir beide gelacht. Aber mal im Ernst …
b) Ein Affe mit 'nem Hammer hätte mir die Haare besser geschnitten!
c) Gibt's die Papiertüte zum Drüberziehen gratis dazu?
d) Ich hab die Heckenschere gar nicht gesehen, die Sie benutzt haben.

e) Wenn Sie das meiner Frau erklären, würd ich mich an Ihrer Stelle bewaffnen.

f) Hab ich noch Garantie drauf?

g) Passt schon – ich zieh einfach in ein Land, in dem 365 Tage lang Halloween gefeiert wird.

h) Sie sind ja ein Gott – Sie versuchen, alles nach Ihrem Ebenbild zu erschaffen.

i) Danke. Jetzt muss ich aber los, ich muss noch zum Friseur.

Wenn dir der Mediamarkt-Verkäufer das Gefühl gibt, dass du sehr, sehr dumm bist

a) Wären Sie eventuell freundlicher, wenn ich Sie mit »Eure Elektro-Exzellenz« anreden würde?

b) Ach, ich nehm einfach, was wegmuss.

c) Ich suche das Teuerste mit der schlechtesten Bedienungsanleitung und den miesesten Bewertungen. Ach, das hätten Sie mir eh verkauft? Toll!

d) Gibt es für Sie eigentlich schon ein Upgrade? Auf »Zuvorkommend 2.0«?

e) Sie kennen sich aber gut aus – Sie sollten das hauptberuflich machen.

f) Wenn Sie ein Computer wären, würde ich Ihnen gerne mal die Fresse formatieren.

g) Wenn Sie eine Waschmaschine wären, würd ich Ihnen gerne mal die Trommel auswuchten.

h) Wenn Sie eine Mikrowelle wären, würd ich gerne mal mein Silberbesteck in Ihrer Kammer brutzeln.

i) Wenn Sie ein DVD-Player wären, würd ich Ihnen gerne mal den Laser justieren.

j) Wenn Sie ein Telefonanbieter wären, würd ich gerne mal Ihre Flatrate ausreizen.

k) Wenn Sie ein Modem wären, würd ich bei Ihnen gerne mal den Datendurchsatz prüfen.

l) Wenn Sie ein iPhone wären, würde sich Steve Jobs im Grabe umdrehen.

m) Wenn Sie ein Mac wären, müsste man den Apfel durch eine Gurke ersetzen.

Wenn die Computerhotline dich fragt, ob du schon mal neugestartet hast

a) Nein, aber ich hab den Rechner schon zweimal aus dem Fenster geworfen. Hilft das nicht?

b) Nein, bringt das denn was? Der läuft eigentlich seit 1998 stabil durch.

c) Ich hab leider den Zündschlüssel verloren.

d) Ja, mit einem Hammer.

e) Nein, aber ich habe schon drei Räucherstäbchen angezündet, um die bösen Computergeister zu vertreiben.

f) Nein – darauf bin ich noch gar nicht gekommen. Sie sind ein Genie!

g) Den kann man ausschalten? Ich wart immer bis zum nächsten Stromausfall.

Wenn die unfreundliche Fleschereifachverkäuferin »Alles?« fragt

a) Das Universum und der ganze Rest? 42!
b) … und noch viel mehr, würd ich machen, wenn ich König von Deutschland wär!
c) Fehlt nur noch ein Subjekt und ein Prädikat, und Sie hätten Ihren ersten vollständigen Satz.
d) Nein, nur das, was ich Ihnen bis jetzt genannt habe. Für ALLES bräuchte ich ein größeres Auto.
e) Brüllen Sie mich nicht an!
f) Nein – bitte noch Dübel und Heißkleber.

Wenn die Wurstfachverkäuferin fragt: »Darf es ein bisschen mehr sein?«

a) Gerne. Mit Sandstrand und Sonnenschirm, bitte.
b) Auf diese Frage haben Sie in Ihrer Jugend sicher immer mit »ja« geantwortet, oder?
c) Nettes Angebot, aber ich bin frisch getrennt und für eine neue Beziehung noch nicht bereit.
d) Nur mit Gummi!
e) Ja, gern! Ich bin nämlich sehr schüchtern und trau mich immer nur die Hälfte zu sagen.
f) Das hätte Ihre Kosmetikerin Sie mal fragen sollen.
g) Warum? Sie sind doch gar nicht zum Essen eingeladen.

Wenn die Bäckereifachverkäuferin fragt: »Sonst noch 'n Wunsch?«

a) Nichts, was Sie mir erfüllen könnten.

b) Sind Sie eine Fee? Auf dem zweiten Bildungsweg?

c) Weltfrieden. Kann in die gleiche Tüte wie die Croissants.

d) Ewiges Leben. Da nehm ich gleich zwei.

e) Das Heilmittel gegen Krebs. Gibts das mit Vanillegeschmack?

f) Gern, wenn Sie sich privat was dazuverdienen wollen.

g) Nein danke, ich bin meiner Freundin treu.

Musterbrief: **Wenn du die Versicherung kündigen willst, die nie gezahlt hat**

Sehr geehrte Damen und Herren,
hiermit möchte ich meine [BEZEICHNUNG]-Versicherung mit der [VERSICHERUNGSNUMMER] bei Ihnen fristgerecht zum nächstmöglichen Termin kündigen.
Ihre Versicherung hat mir bis jetzt so viel gebracht wie …

○ ein Regenschirm im Granatenhagel.

○ ein Pfund Butter in der offenen Hose.

○ ein Furz im Sommerwind.

○ ein Bachelor ohne Rose.

○ ein Zäpfchen bei Halsweh.

Kann es sein, dass Sie eine Hälfte Ihrer Ressourcen darauf verwenden, kleine, fiese Hintertürchen in Ihre Verträge einzubauen, damit Sie in keinem Fall zahlen müssen? Und mit der anderen

schmieren Sie die Gutachter, die gegen jeden gesunden Men-
schenverstand immer zugunsten der Versicherung urteilen?
Ich glaube …

o in der Hölle gibt es einen eigenen Bereich für Leute wie Sie.
o Sie zahlen nur an Versicherungsbetrüger, die noch verschla-
  gener sind als Sie selbst.
o ich werde Sie nicht lobend in meinen Memoiren erwähnen.
o die Telekom ist Ihre hässliche, fette Schwester.
o Ihre Mitarbeiter gelten zu Recht auf Partys und im Bett als
  Luschen.

Bitte sparen Sie sich in Ihrem Bestätigungsschreiben Ihr Bedauern
und sehen Sie von Anrufen ab, die mich umstimmen sollen. Es
könnte sonst sein, dass ich …

o einen unschuldigen Hotline-Mitarbeiter zum Weinen bringe.
o Ihnen noch einen Brief schreibe, bei dem ich die Mütter Ihrer
  Geschäftsführer beleidige.
o weiß, wo Ihr Auto steht.
o zum Versicherungsbetrüger werde.
o Ihnen zu einer guten Unfallversicherung raten muss.
o eine Fuhre Briketts in die Hölle schicke, damit es dort für Sie
  noch ein bisschen heißer wird.

In diesem Sinne verbleibe ich mit einem ehrlich gemeinten »Möge
euch der Blitz beim Scheißen treffen!«

Ihr/e
[NAME]

Wenn der Arzt im Krankenhaus fragt: »Wie geht's uns denn heute?«

a) Wir haben echt die gleiche Wellenlänge, Buddy – das wollte ich dich auch gerade fragen.

b) Am besten, wir fragen mal meinen Arzt.

c) Wenn ich diese Frage jetzt schon selbst beantworten muss, krieg ich dann auch was von Ihrem Honorar?

d) Warten Sie, ich frag mal schnell meine anderen Persönlichkeiten: gut. Gut. Gut. Gut. Gut. Allen gut, danke der Nachfrage.

e) Schlecht. Ich höre Stimmen, die mir suggerieren, ICH sei hier der Arzt.

f) MIR ganz gut. Und Ihrem Grammatikproblem?

g) Können Sie mich das bitte NACH der OP fragen?

h) Sie haben Ihr Skalpell in mir vergessen, stimmt's?

Wenn die Bedienung bei Starbucks deinen Namen wissen will

a) Nixan! Geht dich Nixan!

b) Adolf Hitler

c) Warum will der Kaffee das wissen?

d) Ferrat. Ferrat ich dir nicht!

e) Du bist echt der Erste, der mich nicht erkennt!

f) Ned. Nerv mich Ned!

g) Mein Name ist Nobody

Wenn du an der Supermarktkasse hörst:
»Geheimzahl eingeben und zweimal bestätigen!«

a) Na, endlich erklärt mir das mal jemand! Ich geb sonst immer meine Telefonnummer ein, und keiner geht ran.
b) Sie kennen sich aber gut aus. Können Sie kurz mit zu mir kommen und meinen Fernseher programmieren?
c) Ich würd lieber unterschreiben; von der geklauten Karte kenn ich nämlich die Nummer nicht.
d) Gut zu wissen. Könnten Sie mir auch noch erklären, wie ich die Lebensmittel in die Tüten kriege?
e) Donnerwetter, Sie haben auch Informatik studiert, wie?
f) Sollte der Laden nicht erst leer sein, bevor ich die Alarmanlage aktiviere?

Wenn du an der Supermarktkasse hörst:
»Und dann bekomm ich noch ein Autogramm!«

a) Okay. Aufs T-Shirt, oder haben Sie ein Foto von mir dabei?
b) Gut aufbewahren, das steigt im Wert!
c) Nicht so laut, sonst wollen gleich wieder alle eines.
d) Stalken Sie mich?
e) Ja, das war schon großes Kino, wie ich die Milch aus dem eisigen Kühlregal gerettet habe.
f) Na klar. Was soll ich schreiben? »Für Erika, das treue Herz von der Kasse«?
g) Okay, aber später nicht auf eBay verkaufen.
h) Dass Sie solche Filme schauen, hätt ich nicht gedacht!

Wenn die Kassiererin dich fragt, ob du Treueherzen sammelst

a) Nein, aber sammeln Sie »Neins« genervter Kunden?

b) Ja, und zwar bis ich so viele habe, um den Laden hier zu kaufen und den Typen zu feuern, der Sie zwingt, mich das jedes Mal zu fragen.

c) Ja, damit ich damit ein großes Plakat bekleben kann, auf dem steht: »Ihr könnt mich mal mit euren Scheiß-Treueherzen!« Ich bin schon bei »Scheiß«.

d) Nein, aber ich sammle Köpfe von Kassiererinnen, die mich das andauernd fragen.

e) Wie sehr müssen Sie mich hassen, dass Sie mich das jedes Mal fragen?

f) Seh ich aus, als ob ich ein Herz hätte?

Wenn der Dönerverkäufer nach Jahren immer noch gebetsmühlenartig fragt: »Alles und scharf?«

a) Nein, nichts und stumpf.

b) Schaf? Da steht doch »Hühnchen«!

c) Jawoll. Denn nur, wenn ich satt bin und Sodbrennen habe, spüre ich noch Leben in mir.

d) Können Sie Deutsche nicht voneinander unterscheiden, oder warum fragen Sie mich das jeden Tag?

e) Auch wenn du mein Gesicht nur als fleischfarbenes Oval wahrnimmst: Ich bin es, der jeden Tag bei dir bestellt! JA, ALLES UND SCHARF!

Wenn dich die umwerfend attraktive Stewardess fragt, ob du Süßes oder Salziges möchtest

a) Süß, nein, salzig. Süß, nein, salzig. Süß, nein, salzig. Süß, nein, salzig – ich mach das jetzt den ganzen Flug lang, damit du nie mehr weggehst …

b) Wenn das ein sexueller Code war, dann probiere ich gerne mal beides mit dir.

c) Bist du zu jedem so aufmerksam, oder darf ich mir etwas darauf einbilden?

d) Gegenfrage: Luft oder Liebe? Beziehungsweise Liebe hier in der Luft?

e) Wenn die Engel nicht den Bordservice übernommen hätten, hätt ich gar nicht gemerkt, dass wir abgestürzt sind.

f) Gehört füttern mit zum Service? Ich würde dafür auch den Business-Class-Aufpreis zahlen.

g) Egal. Wie ist deine Handynummer?

h) Gegenfrage: Wann hast du hier Feierabend? Ich würde dich gerne auf einen Bord-Film und einen Tomatensaft einladen.

i) So kurz vor dem Ausgehen gar nichts. Ich wollt später noch hier in den »Club der 10 000« – kommst du mit?!

Wenn dein Telefon-Provider dir die neusten Schnäppchen-Angebote schmackhaft machen will

a) Gut dass Sie anrufen, ich hab wahnsinnig schlechte Laune und wollte eh gerade jemanden zusammenbrüllen.

b) Ich habe gar kein Telefon – Sie träumen gerade!

c) Das ist mir viel zu intim – wir kennen uns doch gar nicht.

d) Ich hätt gern das Gerät, das sämtliche Anrufe von meinem Telefon-Provider automatisch blockt.

e) Einmal Pizza mit allem, bitte. Liefern Sie frei Haus?

f) Telefon? Ach ja, dieses Gerät aus den 70ern, gell?

g) Die nachfolgende Reaktion ist für Kinder und Jugendliche unter 16 Jahren nicht geeignet.

Musterbrief: **Reklamationsvorlage**

Sehr geehrte [FIRMA]/ Sehr geehrte/r Herr/Frau [NAME],

ich möchte gerne vom Kauf meines kürzlich erstandenen [PRODUKT] zurücktreten. Was genau haben Sie sich eigentlich dabei gedacht? Schon nach kurzer Zeit

○ *hat es seinen Geist aufgegeben.*

○ *fiel ein wichtiges Teil ab.*

○ *roch es verdächtig.*

○ *ließ es sich nicht mehr starten.*

Ich bin über die Qualität Ihrer Ware wirklich maßlos enttäuscht und würde das PRODUKT am liebsten

○ *gegen die Wand feuern.*

○ *auf Ihrem Hof anzünden.*

○ *langsam in einem See voller Säure ertränken.*

○ *mal an Ihren Genitalien ausprobieren.*

○ *gegen Sie programmieren.*

Praktizieren Sie überhaupt so etwas wie Qualitätssicherung?
Oder
○ *rütteln Sie vor dem Versand einfach nur mal rasch am Karton,*
  ob alles drin ist?
○ *treten Sie nur einmal dagegen, um zu gucken, ob es auseinan-*
  derfällt?
○ *hoffen Sie, dass tausend Kinderhände in Indien schon wissen,*
  was sie da tun?
○ *meinen Sie, dass es von Vorteil für den Kunden sei, gleichzeitig*
  Betatester zu sein?

Seien Sie sich meiner
○ *grenzenlosen Geringschätzung*
○ *maßlosen Missgunst*
○ *vollkommenen Verachtung*
○ *klaren Kritik*
○ *radikalen Respektlosigkeit*

gewiss und rechnen Sie in den nächsten Tagen
○ *mit einer Online-Rezension, die sich gewaschen hat.*
○ *mit einem Artikel über Sie in der Tageszeitung.*
○ *mit einem Artikel über Sie in der Bäckerblume.*
○ *mit ein paar albanischen Kumpels von mir.*

Verachtungsvoll!
Ihr/e [NAME]

Wenn der Handwerker einen neuen Rekord im Unfreundlichsein aufgestellt hat

a) Was kann ich für Ihre Scheißkindheit?!

b) Der Teufel steckt nicht im Detail, sondern in Ihnen!

c) Immerhin bin ich sicher, dass wieder alles funktioniert, denn so mies, wie Sie gelaunt sind, haben Sie wahrscheinlich genauso wenig Lust auf ein Wiedersehen wie ich.

d) Bitte verzeihen Sie mir, dass Sie an mir Geld verdienen!

e) Wer so riecht wie Sie, sollte zumindest saufreundlich sein.

f) Es ist schwer, gute Kundschaft zu finden, gell …?

g) So, wie Sie gelaunt sind, könnte man meinen, Sie mussten um sechs Uhr morgens aufstehen – ups, mussten Sie ja auch!

h) Ist es etwas Persönliches zwischen Ihnen und der Heizung, oder sind Sie grundsätzlich scheißunfreundlich?

i) Sie Armer haben wirklich eine schlimme Form von »Handwerker-Tourette«.

j) Ich würde zu gerne sagen, dass ich mit Ihrer Frau geschlafen habe – aber Sie können unmöglich verheiratet sein!

Wenn der Essens-Lieferservice wieder mal die Salatsoße vergessen hat

a) Macht nichts, der Salat ist schließlich auch der falsche, da fällt's gar nicht so ins Gewicht.

b) Kein Ding, ich hab heute auch kein Geld dabei.

c) Völlig verständlich, bei der Größe und dem Gewicht würd ich die Soße auch nicht gerne durch die Gegend schleppen.

d) Bis gleich!

e) Ist eure Soße wirklich so mies, dass ihr sie mir absichtlich vorenthaltet?!

f) Mein Fehler – was muss ich auch so komplexe Bestellungen aufgeben!

g) Aber das Reinspucken habt ihr hoffentlich nicht vergessen, oder?

h) Bei dem, was ihr Fahrer alles so vergesst, bin ich ja schon froh, dass ihr immerhin Hosen anhabt!

i) Wie passend – ich vergesse mich nämlich auch gleich …

Musterbrief: **Wenn dein Vermieter sich weigert, deine Bruchbude zu renovieren**

Lieber Herr/Frau [Name],

wenn Sie das nächste Mal gutgelaunt zur Bank laufen, um Ihre Kontoauszüge abzuholen, möchte ich Sie jetzt schon vorwarnen, dass Sie vielleicht etwas schlechter gelaunt wieder nach Hause gehen werden. Sie werden nämlich feststellen, dass die Familie [NAME] – also wir – in diesem Monat weniger Miete überwiesen hat.

»Hmmm, wie ist das möglich?«, werden Sie sich denken, wenn Sie danach mürrisch durch die Gassen spazieren. »Haben die sich vielleicht einfach vertippt bei der Online-Überweisung?«

Könnte sein. Zum Beispiel, weil unsere Finger so steif waren, da die Heizung seit Wochen immer wieder ausfällt. »Da haben die mal was erwähnt ...«, werden Sie sich erinnern, »aber das wäre ja allein noch kein Grund, mir mein Geld vorzuenthalten.« Stimmt, aber was könnte es dann noch gewesen sein? »Hatten die vielleicht einfach weniger Geld in diesem Monat?« In der Tat! Und zwar, weil wir tonnenweise Schimmelmittel kaufen mussten, um dem Pilzbefall in der Bruchbude Herr zu werden. Ihren überaus hilfreichen Rat, mehrmals täglich stoßzulüften, beherzigen wir natürlich, zumal sich das wunderbar mit der ausgefallenen Heizung verträgt. Die Wohnung hat allein dadurch schon die Atmosphäre eines Regionalbahnhofs im Winter, und die ständig offenen Fenster fügen dem Ganzen noch den nötigen Zug hinzu. ZUG – Sie verstehen?

»Oder mögen die mich einfach nicht?«, sinnieren Sie auf Ihrem Heimweg vor sich hin. »Dabei verhalte ich mich doch so höflich gegenüber meinen Mietern. Ich mache mich regelrecht rar, um sie nicht zu stören.« Da haben Sie recht. Nicht einmal auf unsere Anrufe reagieren Sie, geschweige denn auf die schriftlichen Gesuche, einen Gutachter vorbeizuschicken oder wenigstens selbst einmal vorbeizukommen und sich die Lage vor Ort persönlich anzuschauen.

Vielleicht ist es eine gesunde Mischung aus all diesen Punkten, weshalb wir im letzten Monat die Miete gekürzt haben. Sollten Sie auch aus Höflichkeit auf dieses Schreiben nicht reagieren, kürzen wir im kommenden Monat die Miete um weitere [BETRAG] Euro.

Wir verbleiben mit freundlichen Grüßen
Ihre Familie [NAME]

Beziehung und Partnerschaft

Wenn dein Partner dich fragt:
»Schläfst du schon?«

a) Nein, Schatz, ich liege im Wachkoma.

b) Ja, und ich träume gerade, dass du mich fragst, ob ich schon schlafe. Verrückt, oder?

c) Ich dachte schon, du fragst das nie …

d) Nein – ich warte, bis du schläfst, damit ich dich fragen kann, ob du schon schläfst.

e) Ja. Tief und fest, und ich spreche im Schlaf, wie du hörst.

f) Weckst du mich schon?

g) Das – oder wir sind alle nur menschliche Batterien, die Strom für eine Maschinenarmee erzeugen, indem wir die Matrix erträumen.

h) Nein, ich stell nur eine Szene aus *Flatliners* nach.

i) Nein, ich übe nur für die Konversation mit deinen Eltern am Sonntag.

j) Nein, ich halte mich immer wach, bis du mir endlich diese Frage stellst.

k) Glaubst du mir, wenn ich »Ja« sage?

l) Natürlich nicht, Schatz. Ich halte mich jede Nacht wach, um bloß keine Frage von dir zu verpassen.

Wenn dein Partner dich fragt: »Wie lieb hast du mich eigentlich?«

a) Wenn das Universum ein helles Zentrum hat, ist Luke Skywalkers Heimatplanet so weit davon entfernt, wie ich dich liebhabe. (*Star Wars*)

b) Stephen Hawking müsste eine neue Maßeinheit dafür erfinden.

c) Ich liebe dich wie das Krümelmonster seine Kekse.

d) Ich liebe dich wie Homer Simpson die Donuts.

e) So lieb, wie Dobby, der Hauself, Socken hat.

f) So lieb, wie Zombies Gehirne haben.

g) Ich liebe dich wie du deine Schuhe. ♂

h) So lieb, wie du Fußball hast. ♀

i) Ist das 'ne Fangfrage?

j) Gar nicht. Ich bin Masochist.

k) Ach, Schatz, du weißt doch, Liebe wird überschätzt.

Wenn deine Freundin vorschlägt, die Pille abzusetzen

a) Kann ich mich dazu äußern, nachdem ich meine Koffer gepackt habe?

b) Gibt es nicht schon genug Leid auf dieser Welt?

c) Keine schlechte Idee. Dann kann ich den Revolver fürs russische Roulette ja wieder zurückgeben.

d) Ich kann mir dich als Mutter tatsächlich gut vorstellen, Schatz. Also, als alleinerziehende Mutter …

e) Gute Idee, Sex ist eh nicht alles in einer Beziehung.

f) Gute Idee, getrennt schlaf ich eh viel besser!

Wenn dir dein Freund zum dreißigsten Geburtstag 31 Rosen schenkt

a) Toll! Pro Rose, die du mir zu viel geschenkt hast, darf ich dir das zehn Jahre lang vorhalten.

b) Wenn du mir sagen willst, dass ich zu alt aussehe, dann schenk mir halt eine Botoxbehandlung anstatt der blöden Blumen!

c) Zahlen war noch nie deine Stärke. Das merk ich oft, wenn im Restaurant die Rechnung kommt.

d) Tja, Zahlen waren noch nie deine Stärke. Wenn ich bedenke, was du für zwanzig Zentimeter hältst …

e) Für was steht denn die zusätzliche Rose, Schatz? Für das eine Jahr, in dem wir nun keinen Sex mehr haben werden?

Wenn dir deine Freundin zum dreißigsten Geburtstag ein Stofftier schenkt

a) Cool, ich stells zu deinen Stofftieren. Dann sind die tausend nicht so allein.

b) Das hab ich mir schon immer gewünscht. Das und Herpes.

c) Woher weißt du, dass ich heimlich Stofftiere sammle? Hast du etwa auch die gefesselten Frauen im Keller entdeckt?

d) Toll! Das neue iPhone wär nicht ansatzweise so kuschelig gewesen.

e) Gab's keine Porzellanfiguren mehr?

f) Super! Du kriegst von mir zu deinem Geburtstag eine Dauerkarte fürs Stadion, und dann tauschen wir.

g) Hat es schon einen Namen? Sonst nenne ich es »unnötiges Drecksding, das noch zu schade ist, um vom Hund zerfetzt zu werden«.

Wenn dein Partner entdeckt, dass du seine Geburtstagsgeschenke weiterverschenkst

a) Das waren so tolle Dinge, Schatz, die wollte ich einfach mit anderen teilen.

b) Ich fand's die bessere Alternative zu direkt Schluss machen.

c) Wer von uns hat denn angefangen, gemein zu sein?

d) Ich mach das doch nur, weil auf eBay niemand ein Gebot abgegeben hat.

e) Ach stimmt, das waren ja Geschenke … Ich dachte, das sei aussortierter Ramsch, den du loswerden wolltest.

Wenn deine Freundin fragt, ob du mit ihr in den neuen Hugh-Grant-Film gehst

a) Gerne. Meine Neunschwänzige Katze zur Selbstgeißelung ist eh gerade in der Reparatur.

b) Wenn ich mich vergewaltigen lassen will, bück ich mich nach der Seife im Männerknast!

c) Klar – wenn die Hölle zufriert.

d) Spielen da auch noch Julia Roberts und Kevin Costner mit? Dann fahr ich uns auf dem Weg zum Kino in den Graben.

e) Wenn du mit mir Schluss machen willst, sag es doch einfach!

f) Okay. Ich ruf noch rasch deinen Exfreund an, damit der Abend so richtig scheiße wird.

g) Nur, wenn wir danach in den neuen Jacky-Chan-Film gehen!

Wenn dein Freund dich fragt, ob du mit ihm in den neuen Jacky-Chan-Film gehst

a) Du willst dir wohl anschauen, was du zu tun hast, wenn ich das nächste Mal angegraben werde, damit du nicht wieder den Schwanz einziehst.

b) Männer, die sich aufs Maul hauen und dann nicht mal bluten? Wenn schon unrealistisch, dann lieber was mit Laserschwertern und Robotern.

c) Oh ja – dann weiß ich wenigstens wieder, wie Männer mit Sixpacks aussehen.

d) Ist dir nach der *Sportschau* mal wieder nach ein bisschen Kultur?

e) Klar, und ich täusche danach vor, dass es mir gefallen hat. Kommt dir das bekannt vor?

f) Als ich sagte, ich steh auf Filme mit Gefühl, meinte ich nicht »Schmerz«.

g) Nur, wenn du mit mir danach in den neuen Hugh-Grant-Film gehst.

Wenn deine Freundin nach Hause kommt und dir das Fußballspiel im TV wegschaltet

a) Wann ist noch mal mein Kastrationstermin, Schatz?

b) Wo find ich deinen Nagellack, Schatz? Ich würd mir gern die Xbox rosa anmalen.

c) Stimmt, ich kann mir ja die Ergebnisse später im Internet anschauen. Schaltest du mich zwei Minuten frei?

d) Hat mich sowieso nicht interessiert. Gibst du mir mal das Strickzeug?

e) Das lief nur zufällig. Und ich gehe jetzt auch nur zufällig in die Kneipe.

f) Du weißt schon, dass ich jederzeit das Staffelfinale von *How I met your mother* googlen kann?!

Wenn dein Freund nach Hause kommt und dir Gute Zeiten, schlechte Zeiten wegschaltet

a) Oh mein Gott, Schatz – ich wusste gar nicht, dass du suizidgefährdet bist!

b) Ein kleiner Schritt zur Fernbedienung, aber ein riesiger in dein Single-Dasein!

c) Du bist sicher nur zufällig an die Fernbedienung gekommen, oder?

d) Bis gerade hatte ich gute Zeiten, ab jetzt hast du schlechte Zeiten!

e) Schatz, du bist der mutigste Mann der Welt!

f) Von wegen Männer und Technik – du hast schon wieder

aus Versehen umgeschaltet, obwohl du lauter machen wolltest, ODER …?

g) Schatz, hatten wir nicht feste Uhrzeiten ausgemacht, an denen du »umschalten« üben darfst?

h) Ich dachte, aus Fehlern lernt man. Aber wenn du auf Bestrafung stehst, geh doch zur Domina.

i) Ach, Schatz, egal ob auf der Fernbedienung oder beim Sex – du drückst immer die falschen Knöpfe.

Wenn deine Freundin bei einem Science-Fiction-Film fragt: »Ist das nicht alles total unrealistisch?«

a) Zugegeben, es ist keine Doku wie etwa *Pretty Woman*.

b) Doch! Deswegen heißt es ja auch nicht Science-Reality!

c) Rate mal, wofür das »Fiction« steht.

d) Hast recht! Komm, wir gehen lieber heim und gucken die *Tagesthemen*.

e) Ach! Und wie würdest du »Bis dass der Tod uns scheidet« nennen?

f) Mach mal deinen Schuhschrank auf, Schatz – DAS ist unrealistisch!

g) Wenn *Sex and the City* die Messlatte ist, dann ist das hier reine Wissenschaft.

h) Auch nicht viel mehr als unsere gemeinsame Zukunft.

i) Komm, gib's zu, dir gefällt das doch. Erforsche deine Gefühle – du weißt, dass es wahr ist! (*Star Wars*)

Wenn dein Freund bei einer Romantic Comedy fragt: »Kriegen die sich am Ende nicht sowieso?«

a) Ja – und? Du schaust dir Deutschland gegen die Färöer Inseln doch auch an.
b) Ach menno, jetzt hast du mir die ganze Überraschung versaut!
c) Stimmt schon. Ein James-Bond-Film ist da natürlich wesentlich unberechenbarer.
d) Schau dir *Bauer sucht Frau* an, wenn du nicht wissen willst wie's ausgeht.
e) Der Weg ist das Ziel, Schatz!
f) Ein Glück. Bei *Star Wars* hab ich nämlich jedes Mal Angst, dass Darth Vader am Ende gewinnt.

Wenn dein Partner vorschlägt, sich an Weihnachten nichts mehr zu schenken

a) Wo begraben wir denn die Romantik? Neben der Leidenschaft oder neben dem Sex?
b) Okay, und dann wie immer? Ich halt mich dran und du lässt mich doof dastehen?
c) Aber was versteck ich dann wochenlang unter den Socken, damit du es doch noch vor Heiligabend finden kannst?
d) Gute Idee. Wer weiß, ob's mit uns bis Silvester hält, und dann ärgert man sich nur …
e) Oder jeder schenkt sich selbst was, dann sparen wir uns die übliche Umtauschorgie.

f) Okay, dann bring ich das Diamantcollier wieder zurück. ♂
g) Okay, ich bestell den Ferrari wieder ab. ♀

Wenn das Weihnachtsgeschenk deines Partners deutlich günstiger war als deins

a) Wenn's dir mehr um die Geste geht, warum hast du mir nicht einfach was gemalt?
b) Gewonnen!
c) Schade, hätte so ein schönes Weihnachten werden können. Willkommen in der Hölle!
d) Okay, Spaß beiseite. Wo soll ich suchen?
e) Du hättest die Enttäuschung wenigstens schön einpacken können.
f) Meine Eltern, deine Eltern und alle unsere Freunde werden sehr schockiert sein, wenn sie das hören.
g) Wer billig schenkt, schenkt zweimal!
h) Ich weiß, Geben ist seliger denn Nehmen, aber bin ich ein Heiliger?
i) Der Satz »Geld macht nicht glücklich« sollte mal gründlich überdacht werden!

Wenn du zu Weihnachten von deinem Partner irgendeinen unpersönlichen Kram bekommen hast

a) Ich weiß, auf dem Wühltisch an Heiligabend kurz vor Ladenschluss gibt's immer die besten Sachen.

b) Fein, dann hab ich gleich ein Geschenk für deine Mutter.

c) Da hast du dir ja echt mal Gedanken gemacht. Nur leider nicht über mich.

d) Hat dir das 'ne Ex zurückgegeben, oder warum hat es so gar nichts mit mir zu tun? ♀

e) Oh, cool, das hat sich unsere Küche schon immer gewünscht! ♀

f) Oh, cool, das hat sich meine Krawattensammlung schon immer gewünscht. ♂

g) Oh, cool, das hat sich unser Keller schon immer gewünscht.

h) Hast du mich mit jemandem verwechselt?

i) Okay. Die Rache wofür?!

j) Hast du den Kassenbon noch?

k) Wenigstens bin ich nicht allergisch darauf.

l) Super, damit hab ich was für die nächste Wichtelparty.

Wenn dein Partner den Hochzeitstag vergessen hat

a) Na ja, nächstes Jahr hast du ja wieder eine Chance – dann halt mit einem neuen Partner.

b) Cool, jetzt kann ich 364 Tage nachtragend sein und dir das Leben zur Hölle machen. Das ist das schönste Geschenk, Schatz!

c) Was zählen schon die Jahre, die wir bereits hatten? Zähl lieber mal die Sekunden, die uns noch bleiben.

d) Man ist ja eh nur so lange zusammen, wie es sich anfühlt. Momentan würd ich sagen: zu lange.

e) Nicht schlimm. Kannst du mit vier Wochen Sexabstinenz und der neuen Prada-Tasche locker wiedergutmachen. ♀

f) Nicht schlimm. Kannst du mit vier Wochen Actionfilm-abenden und üppigem Oralverkehr wiedergutmachen. ♂

Wenn du selbst den Hochzeitstag vergessen hast

a) Warum soll ich noch die Jahre zählen? Ich will doch so-wieso ewig mit dir zusammen sein.

b) Das musst du als Kompliment sehen. Jeder Tag mit dir ist für mich nämlich was Besonderes!

c) Noch ist der Tag ja nicht vorbei! Ich fahr nur kurz tanken, und dann bekommst du dein tolles Geschenk!

d) Ich hab ihn nicht vergessen, ich hab ihn nur ganz still und intim für mich gefeiert, weil er mir so wichtig war.

e) Ich dachte, wir hätten den auf Weihnachten verlegt, da-mit alle was davon haben.

f) Wer soll sich das ohne App auch merken können?

g) Willst du die Romantik unserer Liebe wirklich in nüchter-nen Daten ersticken?

Wenn du aus purer Neugierde die Highheels deiner Freundin probierst und sie dabei ins Zimmer kommt

a) Äh – hast du meine Turnschuhe gesehen?

b) Ich wollte mich mal in deine Welt einfühlen, Schatz. Wo sind deine Tampons?

c) Gut, ich bin eine Drag-Queen! Na und? Du hast mir auch nicht gesagt, dass du schnarchst.

d) Schatz, wir müssen reden. Darf ich mich noch kurz schminken?

e) Wenn ich gewusst hätte, welche Höllenqualen du jahrelang durchgemacht hast, wär ich viel netter zu dir gewesen!

f) Ich wollte nur sichergehen, dass ich wirklich überhaupt keine weibliche Seite habe.

g) Was denn? Du schläfst doch auch in meinem Lieblings-T-Shirt.

h) Die *Sportschau* schaue ich mir heute Abend trotzdem an.

i) Sei froh, dass du mich heute so siehst – gestern war Unterwäschetag.

Wenn deine Freundin dich fragt: »Hab ich zugenommen?«

a) Das ist eine intergeschlechtliche Fangfrage, auf die ich leider nicht antworten kann.

b) Nein, die Welt um dich herum ist nur ein bisschen kleiner geworden.

c) Nein, ICH habe zugenommen, und das projizierst du jetzt auf dich.

d) Wer behauptet das? Den bring ich mit bloßen Händen um!

e) Nein, absolut nein, tausendprozentig nein, und das sage ich aus tiefster Überzeugung, ganz objektiv und ohne den geringsten Zweifel, da bin ich mir vollkommen sicher, nein, beim Leben meiner Mutter – siehst du, ich blinzele nicht einmal.

f) Okay – töte mich!

Wenn deine Freundin dich fragt: »Was denkst du gerade?«

a) Wie ich dich in Stücke säge, in Plastiktüten verpacke und ins Meer werfe.

b) Mach die Augen zu, dann siehst du's!

c) An den Marshmallow-Mann!

d) An eine bessere Welt, in der Frauen gesteinigt werden, die diese Frage stellen.

e) Ich denke nicht, ich starre.

f) An Matjesfilet.

g) Dass ich gerne Lothar Matthäus wäre – der wird so was ganz sicher nie gefragt!

h) An alle meine Exfreundinnen. Also an nix Wichtiges!

Wenn du sturzbetrunken nach Hause kommst und deine Frau dich fragend anschaut

a) Schatz, ich hab dir ein neues Haustier mitgebracht. Es ist haarig, schnurrt, und du kannst es gleich morgen früh auf meinem Kopf streicheln.

b) Schatz, ich hab mich nur vor Sehnsucht nach dir betrunken.

c) Ich hab mich nur betrunken, weil ich dich dann zweimal sehen kann.

d) Schatz, mach mir keine Vorhaltungen, dass ich betrunken bin. Ich mach dir ja auch keine, dass du nüchtern bist!

e) Machen wirs wie immer? Du brüllst mich an und ich die Keramik?

f) Oh, Verzeihung, ich hab mich wohl in der Tür geirrt.

g) Du kannst stolz auf mich sein, Schatz – fürs Treppenhaus hab ich nur 43 Minuten und fürs Türschloss gerade mal 28 Minuten gebraucht.

Wenn dein Freund sich beim gemeinsamen Spaziergang den Hals nach anderen Frauen verrenkt

a) Dreh den Kopf ruhig noch ein paar Grad weiter nach hinten – dann brauch ich dir wenigstens nicht das Genick zu brechen.

b) Sollen wir uns abwechseln, und ich sag dir dann bei jeder Zweiten, dass sie sich nicht nach dir umgedreht hat?

c) Sollen wir mal die Straßenseite wechseln? Dann verspannst du dir den Nacken wenigstens gleichmäßig.

d) Ja, die Frau hatte auch Brüste. So wie die letzte. Und die Vorletzte. Man könnte glatt ein Muster erkennen …

e) Soll ich die Nächste für dich fragen, ob sie mit dir schlafen will?

Wenn deine Freundin im Auto lauthals und talentfrei mitsingt

a) Schatz, wenn die Scheiben bersten: Carglas repariert, Carglas tauscht aus!

b) Ich liebe dich zu sehr, um dir meine ehrliche Meinung zu sagen. Magst du kurz den Bohlen anrufen?

c) Schatz, du kannst so tolle Dinge mit deinem Mund machen. Singen zählt leider nicht dazu.

d) Ich würde ja gerne in den Gegenverkehr rasen, um dem ein Ende zu setzen, aber ich befürchte, dass du im Himmel sofort in den Engelschor eintrittst.

e) Okay, ich komm gleich drauf, was du da singst ... das Schlumpflied?

f) Ich liebe dich. Und wenn das so bleiben soll, dann solltest du jetzt aufhören mitzusingen.

Wenn du im Schlaf permanent von anderen Frauen gesprochen hast

a) Ich dachte, das wären alles deine zweiten Vornamen ...

b) Ich wollte dir nur mal aufzählen, wer dir alles nicht das Wasser reichen kann.

c) Ich habe nicht im Schlaf gesprochen, ich war für ein paar Stunden vom Teufel besessen!

d) Das waren alles Namensvorschläge für unsere ungeborene Tochter.

e) Nein, ich lerne nur nachts unter der Decke heimlich das Telefonbuch auswendig.

Wenn deine Frau deine Schwiegereltern über Ostern zu euch einladen will

a) Wie? Die gibt's wirklich?
b) Au ja, die verstecken wir mit den Ostereiern im Garten und finden sie dann nicht mehr.
c) Das ist ein Aprilscherz, oder?
e) Fein, die verstehen sich bestimmt prima mit den Hells Angels, die ich eingeladen habe.
f) Schatz, nur weil Jesus diese Tage überlebt hat, heißt das nicht, dass ich das auch tue.
g) Leben die noch?
h) Prima, dann können wir über Ostern ja in ihre sturmfreie Hütte fahren.
i) Jetzt übertreiben sie's aber – die waren doch schon bei unserer Hochzeit dabei.

Wenn dein Partner dich fragt: »Isst du das noch?«

a) Natürlich nicht! Ich bestell mir mein Essen immer nur, weil ich so gern mit dem Kellner plaudere.
b) Nein. Du aber auch nicht!
c) Im Gegensatz zu dir schon.
d) Wie bei unserem Sex, Schatz: Ich hab damit angefangen, also bringe ich es auch allein zu Ende.
e) Nein, das lass ich mir einpacken, damit du morgen nicht kochen musst.
f) Nein, aber ich lass immer gerne ein wenig Reserve auf

dem Teller, falls noch jemand im Restaurant »Essens-
schlacht!« ruft.

g) Nein, das geb ich als Trinkgeld.

Wenn dein Partner fragt, ob ihr nicht zusammenziehen wollt

a) Und wie verheimliche ich dann meine ganzen Affären?

b) Gerne, Schatz! Sag Bescheid, wenn bei dir im Haus 'ne
Wohnung frei wird, damit wir uns von den Balkonen aus
zuwinken können.

c) Jetzt schon? Ich dachte, es läuft doch eigentlich ganz gut
bei uns …

d) Ach, das ist echt ungünstig. Gerade gestern hab ich
schon meinem besten Freund zugesagt.

e) Wenn ich meine Filmplakate im Wohnzimmer aufhän-
gen, meinen Kicker in den Flur stellen und jeden Abend
meine Kumpels zum Fußballgucken einladen darf, liebend
gern, mein Schatz! ♂

f) Wenn wir die Wände alle rosa streichen, jeder Zentimeter im Kleiderschrank mir gehört und ich jeden Abend
mit meinen Mädels Prosecco auf der Couch trinken darf,
liebend gern, mein Schatz! ♀

g) Super Idee! Ich kündige gleich morgen der Putzfrau! ♂

h) Oh Gott, du bist schwanger? ♂

i) Och nö, ich hab so einen schönen Parkplatz bei mir vor
der Tür gefunden.

Wenn deine brandneue Freundin vorschlägt, ihre Eltern kennenzulernen

a) Was hab ich dir nur getan?!
b) Kann das nicht warten, bis sie dich nachts heulend bei mir zu Hause abholen, weil wir uns getrennt haben?
c) Lohnt sich das denn?
d) Wenn du das Risiko eingehen willst, dass ich mit deiner Mutter durchbrenne …
e) Ich hab das Gefühl, deine Eltern durch dich schon in- und auswendig zu kennen.
f) Oh Gott, dann waren die quälenden Stunden vor deinen Familienfotoalben ja völlig umsonst …
g) Und ich dachte, wir hätten eine Zukunft.
h) Muss ich dabei bei Bewusstsein sein?!
i) Also, swingen ist echt nicht so mein Ding.

Wenn dein brandneuer Freund vorschlägt, seine Eltern kennenzulernen

a) Reicht es nicht, dass ich mich nie beschwere, wenn du beim Sex immer schon alles überstürzt …?
b) Ich glaub dir auch ohne Beweis, dass es dich wirklich gibt.
c) Au ja, ich hab in der Tat ein paar ernste Fragen an deine Mutter …
d) Gerne – fahr schon mal vor, ich komm dann in drei Jahren nach.

e) Gute Idee. Deine Exfreundinnen und ein sadistischer Zahnarzt würden diese angenehme Runde noch komplettieren.

Wenn du die Hälfte der dir aufgetragenen Einkäufe vergessen hast

a) Dafür esse ich dann das Doppelte.

b) Ich hab nur die Lebensmittel weggelassen, die dich dick machen.

c) Freu dich doch über die Hälfte, an die ich gedacht habe!

d) Ich wollte Geld sparen.

e) Das war Absicht – ich will deine Kreativität beim Kochen fördern!

f) Sorry, Schatz, aber beim Wort »alkoholfreies Bier« hab ich aufgehört zuzuhören. ♂

g) Sorry, Schatz, aber beim Wort »Dosenravioli« hab ich aufgehört, zuzuhören. ♀

h) Das hab ich nur für dich getan, Schatz. Du fragst bei unserem ach so gut aussehenden Nachbarn doch so gerne nach einem Glas Milch … ♂

i) Ich hab's einfach nicht übers Herz gebracht, die Sachen aus ihrem gewohnten Regalumfeld zu reißen.

j) Sei lieber froh, dass ich nicht noch »schnell mal Zigaretten holen« gegangen bin …

k) Ach so – war »Gemüse«, »Vollkornnudeln« und »Schwangerschaftstest« tatsächlich ernst gemeint? ♂

k) Ach so – war »Curry King«, »eine Palette Mirácoli« und »Playboy« wirklich ernst gemeint? ♀

Wenn deine Freundin dich fragt, ob du mit ihr Schuhe shoppen gehst

a) So lange kann ich mir unmöglich freinehmen.

b) Bitte sag, dass du nur neue Flip Flops brauchst!

c) Bevor ich antworte: Erinnere dich bitte, dass wir in einer Demokratie mit Meinungsfreiheit und ohne Todesstrafe leben.

d) ICH LIEBE DICH! DU BIST MEINE ABSOLUTE TRAUM-FRAU! DAS ALLERALLERBESTE, WAS MIR JEMALS PAS-SIERT IST! ICH WILL MEIN GANZES LEBEN MIT DIR VERBRINGEN! *Nein.* DU BIST DIE SCHÖNSTE FRAU AUF DER GANZEN WELT! DU BIST MEHR ALS EIN SECHSER IM LOTTO! ICH LIEBE DICH!

e) Ich habe das Recht zu schweigen. Alles, was ich sage, wird gegen mich verwendet werden. Darf ich meinen Anwalt anrufen?

Wenn deinem Freund deine Brüste zu klein sind

a) Vielleicht sind ja bloß deine Hände zu groß!

b) Wo wir gerade beim Thema sind: Die ganzen Penis-Enlargement-Mails kommen von MIR.

c) Gut, dass du es erwähnst. Ich werde sie mir für deinen Nachfolger vergrößern lassen.

d) Dann weiß ich ja, was ich mir vom Weihnachtsmann wünsche.

e) Mach dir nichts draus, du wirst sie für eine lange Zeit nicht sehen.

f) Passen sie dann nicht gut zu deiner großen Klappe?

g) Und du stinkst nach Kotze!

h) Dafür brauchen sie nicht jedes Mal dreißig Minuten Pause, bis sie wieder einsatzbereit sind!

i) Glaub mir, die sind genau richtig so. Mit mehr wüsstest du gar nichts anzufangen, weil du nur drei Prozent deines Gehirns nutzt.

j) Sie sollen ja auch zu deiner Anatomie passen!

Wenn dein Freund im Restaurant nie die Rechnung zahlt

a) Wenn du heute Abend schon mein Escort-Boy bist, dann kannst du zu Hause auch gleich nackt die Wohnung putzen.

b) Ach, da hätte ich doch beim Nachtisch anstatt des Vanille-eises den Gentleman bestellen sollen.

c) Darf ich dir auch in die Jacke helfen?

d) Wenn es dich stört, dass die Leute blöd gucken: Wir können gern so tun, als ob du die Rechnung bezahlen würdest.

e) Du hast recht, wir müssen sparen, und bei den guten Manieren fangen wir an …

f) Tu wenigstens einmal so, als ob du zum Geldbeutel greifst!

g) Der Sex ist umsonst, aber fürs Essen darfst du ruhig zahlen!

h) Gib's zu, du sparst für mein Geburtstagsgeschenk, wie?

Wenn deine Freundin im Restaurant es für selbstverständlich hält, dass du die Rechnung zahlst

a) Aber aufs Wahlrecht bestehen …

b) Schon komisch, wie die Emanzipation mit 180 hier durch-rauscht und dann vorm Bügeltisch eine Vollbremsung hinlegt.

c) Ist das Wort »Gemeinschaftskonto« eigentlich frauen-feindlich?

d) Na ja, okay, dafür schmeißt du ja den ganzen Haushalt, Schatz. Ach ne, das war in einem Heinz-Erhardt-Film …

e) Klar zahl ich. Genauso wie wir jeden Tag Sex haben – oder …?

f) Als du sagtest, dass du meine inneren Werte so liebst, wusste ich nicht, dass du die meines Geldbeutels meinst.

g) Aber für Sex zu bezahlen findest du unmoralisch?

Wenn dein Freund mit dir schlafen will, du aber nicht in Stimmung bist

a) Such's dir aus: Migräne, Periode oder Blasenentzündung – was überzeugt dich am meisten?

b) Och nö, kannst du nicht allein? Die zwei Minuten kommst du ja wohl gerade noch ohne mich aus.

c) Cindy aus Mahrzahn, NACKT! Na, willst du immer noch …?

d) Du erwartest doch nicht ernsthaft, dass ich dir nach die-sem Scheißtag noch glaubhaft einen Orgasmus vorspie-len kann, oder?

e) Ich schlaf schon längst und sprech gerade im Schlaf.

f) Dir macht Computerspielen doch auch keinen Spaß, wenn dein PC nur am ruckeln ist, oder?

g) Hauptsache, du weckst mich nicht.

h) Ah, oh, uh – Erste! Ja, so ist das, und jetzt gute Nacht!

i) Gerne. Eigentlich müsste ich zwar gerade meine Tage haben, aber ich bin schon seit Monaten überfällig.

Wenn deine Freundin mit dir schlafen will, du aber nicht in Stimmung bist

a) Ich bin nicht in Stimmung, Schatz – und nein, ich bin nicht schwul!

b) Ich bin nicht in Stimmung, Schatz – und nein, ich hab dich nicht betrogen!

c) Ich bin nicht in Stimmung, Schatz. Was denn – du willst doch immer, dass ich dich mal überrasche …

d) Ich dachte, diese triviale Phase unserer Beziehung hätten wir hinter uns.

e) Reiner Calmund, NACKT! Na, immer noch Lust?

f) Du weißt doch, ich bin wie Windows, Schatz: Ich hab mich gerade runtergefahren, und es würde ewig dauern, bis das Betriebssystem wieder oben ist.

g) Warum gibt's dafür eigentlich noch keine App?

h) Verrechne es doch bitte mit deinen 30 000 Migräne-anfällen.

i) Heute nicht, Schatz. Dafür ist morgen Happy Hour: einen Orgasmus bestellen, zwei bekommen!

Wenn deine Freundin dich in flagranti beim Fremdknutschen erwischt

a) Ich übe nur, Schatz, schließlich will ich bei dir ja alles richtig machen.

b) Mensch, ihr seht euch aber auch verdammt ähnlich!

c) Sie ist erkältet, und ich halte ihr nur den Mund zu, damit du dich nicht ansteckst, Schatz!

d) Mund-zu-Mund klappt schon sehr gut. Als Nächstes üben wir die stabile Seitenlage und die Herzrhythmusmassage …

e) So, bitte schön. Das nächste Mal aber bitte wieder selbst und mit der Zahnbürste die Zähne putzen!

f) Erst jetzt weiß ich: Du bist wirklich eine überdurchschnittlich gute Küsserin, Schatz!

Wenn deine Freundin dir beichtet: »Schatz, ich hab dich betrogen!«

a) Und ich wollte dir gerade sagen, dass ich mir bei meiner Stammnutte einen Tripper eingefangen habe.

b) Gott sei Dank. Ich dachte schon, ich muss dich heiraten.

c) Na, immerhin muss ich mich nicht mit ihm prügeln, du bist Bestrafung genug.

d) Echt? Gratuliere zum zweiten Platz in unserer internen Betrugs-Rangliste!

e) Der Arme – hat der seinen Orgasmus auch vortäuschen müssen?

Wenn dein Freund dir beichtet:
»Schatz, ich hab dich betrogen!«

a) Und ich dachte, ich sei die Einzige, der kleine Pimmel egal sind.

b) Magst du kurz dein Auto unter dem Fenster parken? Dann landen deine Sachen nicht auf der Straße.

c) Ach – hatte die andere gerade zwei Minuten Zeit?

d) Wo war noch mal der Werkzeugkoffer? Ich brauche einen Schraubenzieher für dein neues Auto.

e) Echt? Wie teuer war's denn?

Wenn dein Partner dir vorwirft,
ihn betrogen zu haben

a) Ich bin nicht fremdgegangen, ich kannte die alle!

b) Aber ich hab dabei immer nur deinen Namen gestöhnt!

c) Oralverkehr zählt für mich lediglich zum gesellschaftlichen Austausch von Höflichkeiten

d) Das hab ich nur für dich getan – um deine Aufmerksamkeit wiederzuerlangen.

e) Na gut, erwischt! Jetzt hast du einen frei!

f) Bevor ich antworte: Weißt du's? Oder glaubst du's?

g) Ich wollte nicht weiter schuld daran sein, dass du ständig Migräne hast! ♂

h) Wie? Das warst gar nicht du? Ich dachte immer, das gehört zu unseren Rollenspielchen, und war völlig begeistert von deiner Verkleidung.

Wenn dein Freund dich in flagranti beim Fremdknutschen erwischt

a) Das läuft außer Konkurrenz, Schatz. Er ist Schuhverkäufer!
b) Ich mach grad nur das Casting für meine beste Freundin, die wünscht sich doch so sehr einen neuen Freund.
c) Kein Grund zu Beunruhigung, Schatz, er hat auch eine Freundin.
d) Mannmannmann, immer wenn ich Sex habe, kommst du zu früh!
e) Mach dich nicht lächerlich! Beim Porno auf Gangbang stehen und mir jetzt mit Monogamie kommen wollen …
f) Ich helfe ihm nur, einen haltbaren Lippenstift für seine Freundin zu finden.

Wenn du im Schlaf permanent von anderen Männern gesprochen hast

a) Das ist nur meine neue Namen-Gedächtnisübung, um mir deinen zu merken … Giesbert?
b) Ich hab nur aufgezählt, wer alles gerne mal mit dir tauschen würde.
c) Gott, war das gerade ein schrecklicher Alptraum!
d) … aber geträumt habe ich nur von dir, Schatz.
e) Ach ja, ich hab geträumt, wir hätten lauter Söhne, und die hießen nun mal »Rodrigo«, »Hengst« und »Machs mir härter«!
f) Ich hab nur versucht, alle Vornamen vom Guttenberg zusammenzukriegen.

Wenn du feststellst, dass dein Partner seiner Exbeziehung SMS schreibt

a) Mir wirfst du vor, dass ich mit der Mikrowelle koche, aber deine Ex hältst du dir schön warm, wie? ♀

b) Frag ihn doch mal, ob er dir beim Kofferpacken hilft. ♂

c) Was will sie? Einfach noch mal kurz mit dir schlafen, um sich daran zu erinnern, wie schlecht es war? ♀

d) Na ja, solange du keine Smileys schreibst, ist es für mich nicht wie Fremdgehen.

e) Da du ab jetzt meine Exfreundin bist, können wir uns ja demnächst auch SMS schreiben. ♂

f) Ist er eigentlich auch Single oder nur du? ♂

g) Das passt schon. Ihr hattet euch ja getrennt, weil ihr euch nichts mehr zu sagen hattet, und nicht, weil ihr euch nichts mehr zu schreiben hattet.

Wenn du feststellst, dass dein Partner in deinem Handy herumschnüffelt

a) Kann ich dann bei unserer Silberhochzeit Akteneinsicht beantragen?

b) Ohne dir den Spaß an meinem Tagebuch nehmen zu wollen: Ja, ich habe mit elf mal heimlich geraucht.

c) Apropos dreckige Wäsche: Die Maschine müsste fertig sein.

d) Ätsch – die wirklich interessanten Sachen stehen alle in meinem Zweithandy.

e) Hättest du nicht wie alle anderen einfach mitschreiben können, was ich im Schlaf so sage?

f) Sehr fortschrittlich, Schatz: Nach Bike- und Car-Sharing geht der Trend eindeutig zum Handy-Sharing.

g) Gell, die Handy-Fotos von mir auf der letzten Weihnachtsfeier sind gar nicht sooo kompromittierend, wie alle behaupten, oder?

h) Wusstest Du eigentlich, dass ich bei Amazon seit längerem deine Kreditkarte benutze?

i) Sag Bescheid, wenn du auch noch mein Facebook-Passwort brauchst.

Musterbrief: **Wenn du eine Beziehung unmissverständlich beenden willst**

Hallo Ex,

solltest du den subtilen Hinweis in der Anrede nicht hundertprozentig verstanden haben, sag ich's sicherheitshalber ganz kurz und knapp noch mal:

Es ist aus!
Schluss. Ende. Vorbei.
Finito. Schicht im Schacht. Ende Gelände.
Hasta la vista. Terminiert. Ende der Fahnenstange. Sackgasse.
End of the road. Das war's. Vorbei. Bye-bye. Auf Nimmerwiedersehen. Ich bin weg. Tschö mit ö. Adiós. Sag zum Abschied leise Servus. Leb wohl. Mach dich vom Acker. Mach die Biege. The End. Ende der Vorstellung. Es ist rum ums Eck. Der Vorhang ist

gefallen. Das Buch ist zu Ende. Unsere Wege trennen sich. Der Laden ist dicht. Ich kündige. Ich geb auf. Ich zieh den Schluss-strich. Ich steig hier aus. Unsere Liebe ist begraben. Ich geb auf. Ich mag nicht mehr. Wir sind getrennt. Die Tür ist zu. Es war einmal. Unser Band ist durchtrennt. Die Flamme erloschen. Der Stecker gezogen. Der Traum zerplatzt. Ein Haken drunter. Die Liebe gekappt. Das Gefühl versiegt. Die Leitung tot. Du bist ent-lassen. Wir sind geschieden. Ich bin dann mal weg. Du bist Ge-schichte. Ab heute Single. Dein Name ist Vergangenheit. Meine Zukunft: ohne dich. Wir haben kein Happy End. Game over. Elvis has left the building. Die dicke Lady singt nicht mehr. Die Titanic ist gesunken. Die Messe gesungen. Der Ofen ist aus. Und unsere Halbwertszeit abgelaufen!

Wollte nur sichergehen.

Dein/e
[NAME]

Wenn dein Exfreund dich fragt, ob ihr nicht gute Freunde bleiben wollt

a) Gute Idee, einen Quotenidioten kann jeder Freundes-kreis gut gebrauchen!
b) Also du meinst, ohne Sex, nur ab und zu mal treffen und Interesse am anderen heucheln? Das hatten wir doch jetzt schon die ganze Zeit.
c) Gute Freunde nicht, aber gerne ganz schlechte, die sich möglichst nie sehen!

d) Wenn Hass für dich als Freundschaftsfundament okay ist, dann gerne.

e) Wenn es dich nicht stört, dass ich mit deinem besten Freund geschlafen habe?

f) Dabei hätten wir's mal von Anfang an belassen sollen.

g) Bitte nicht, du hast mich während der Beziehung schon wahnsinnig gelangweilt.

Wenn deine Exfreundin dich fragt, ob ihr nicht gute Freunde bleiben wollt

a) Auch mit Anfassen? Oder kostet das dann extra?

b) Ob du jetzt einen oder gar keinen guten Freund hast, ist doch am Ende egal, oder?

c) Das geht nicht, weil ich gerade meine komplette Erinnerung an dich und die letzten [Beziehungsdauer einfügen] Jahre verdrängt habe ... wer sind Sie?

d) Hättest du bei der Frage nicht wenigstens deine Stilettos anziehen können? Dann hätte es sich wenigstens gelohnt, auf meinem Herzen rumzutrampeln.

e) Du weißt doch, dass ich alle meine Exfreundinnen scheiße finde.

f) Warum nicht? Du bist ja eh oft für einen Jungen gehalten worden.

g) Wie kann man so grausam sein, aber keine Horrorfilme mögen?

h) Au ja, dann können wir gemeinsam über meine dämliche Exfreundin herziehen!

Wenn du auf einer Party deine Exfreundin mit ihrem neuen Macker triffst

a) Ihr habt's gut, ihr müsst nicht verhüten. Frauen und Wurstnasen können sich ja nicht fortpflanzen.

b) Wie sieht der eigentlich von vorn aus?

c) Ich hab mich getäuscht. Ich dachte, der Typ ist scheiße und sieht albern aus – dabei ist er albern und sieht scheiße aus.

d) Und ich dachte immer, die Evolution sei nicht rückwärtsgerichtet.

e) Ich erinnere mich: Du wolltest ja schon immer 'nen Rehpinscher als Haustier.

f) Mein aufrichtiges Beileid.

Schule und Lehrer

Wenn deine Eltern dich fragen, ob du deine Hausaufgaben schon gemacht hast

a) Habt ihr eure Steuererklärung schon gemacht?
b) Die hab ich outgesourced.
c) Liegen auf deinem Schreibtisch, Papa. Schau bitte, dass deine Handschrift diesmal besser lesbar ist. Es gab Beschwerden.
d) Liegen auf dem Wohnzimmertisch, Mama. Schau bitte, dass du diesmal ein paar Fehler einbaust. Ist sonst zu auffällig.
e) Darf ich mir vorher noch mein Haschisch spritzen?

Wenn du deinen Eltern beibringen musst, dass du nicht versetzt worden bist

a) Hey, gute Nachrichten: Ihr müsst mir keine neuen Schulbücher kaufen!
b) Hey, gute Nachrichten: Ihr müsst mir erst ein Jahr später eine Studentenbude mieten!
c) Hey, gute Nachrichten: Ich hatte doch recht damit, dass ihr euch die Nachhilfe sparen könnt!

d) Ich habe mich dazu entschieden, mein schulisches Umfeld im Klassenverbund zu verjüngen.

e) Der Schulstoff ist mir dieses Jahr zu oberflächlich behandelt worden, und ich habe mich entschlossen, das Ganze zu vertiefen.

f) Ihr predigt doch dauernd, ich soll nicht immer alles so hektisch machen und mir auch mal Zeit lassen.

Wenn du deinen Eltern beichten musst, dass du einen Schulverweis bekommen hast

a) Gute Neuigkeiten: Mein erster Schritt Richtung Rockstar-Karriere ist gemacht.

b) Gute Neuigkeiten: Ich gehe nicht mehr in der anonymen Masse unter, sondern falle endlich auf.

c) Stellt euch vor, die Lehrer kennen endlich meinen Namen!

d) Ihr könnt endlich beweisen, wie sehr ihr mich liebt, indem ihr meinen Lehrer zur Sau macht.

e) Nur noch zwei Verweise, und ihr müsst nie mehr Schulbücher für mich kaufen!

f) Gute Neuigkeiten: Die Langeweile ist vorbei – ihr könnt euch endlich Sorgen um mich machen!

g) Hurra, jetzt kann ich endlich viel mehr im Haushalt helfen.

h) Ich denke, man lernt eh nicht für die Schule, sondern für das Leben – und darauf kann ich mich jetzt viel besser konzentrieren.

Wenn dein Lehrer dich mit einem Spickzettel erwischt

a) DAS soll ich gelesen haben? Wollen Sie, dass ich mir die Augen verderbe?

b) Wenn Sie mir das unterjubeln, kann es sein, dass man morgen ein kleines Päckchen in Ihrer Tasche findet. Und es wird kein Backpulver drin sein…

c) Das ist nicht von mir! Mein Spicker ist im Handy und passwortgesichert, da kommen Sie nie dran!

d) Das ist kein Spicker, das ist mein Schulheft. Durch das kompakte Format reduziert sich mein CO_2-Abdruck um 28 Prozent.

e) Ich überprüfe lediglich die Richtigkeit meiner Antworten, um Ihnen ein wenig Arbeit abzunehmen.

Wenn dein Lehrer dich beim Abschreiben erwischt

a) Ich mache das nur, um den Klassenschnitt zu verbessern, damit Sie nicht wie ein unfähiger Trottel dastehen.

b) Ich schreibe nicht ab – ich zitiere.

c) Sehen Sie es positiv: Dadurch haben Sie weniger zu korrigieren.

d) Nur weil ich da hinschaue, heißt das noch lange nicht, dass ich es auch übernehme.

e) Den Plagiatsvorwurf lasse ich nur gelten, wenn meine Quellenangaben nicht stimmen sollten.

f) Was jeder zweite Politiker kann, kann ich schon lange!

Wenn dein Lehrer die Hausaufgaben sehen will, die du nicht gemacht hast

a) Die habe ich Ihnen doch vorhin schon gezeigt. Also, wenn Sie noch andere Anzeichen von Alzheimer bei sich feststellen – von mir erfährt es keiner.

b) Kann ich erst einmal Ihren Ausweis sehen?

c) Ich wusste nicht, dass Sie das gestern ernst gemeint hatten.

d) Die hab ich ins Internet auf meine Website gestellt. Brauchen Sie Hilfe beim Einloggen?

e) Ich sammle die alle und gebe sie gebündelt beim Abitur ab. Ist übersichtlicher.

Wenn du während der Unterrichtsstunde eingeschlafen bist und dein Lehrer dich aufruft

a) Das nennt man Powernapping. Ich bin jetzt laut einer Studie der Uni Bielefeld um 28 Prozent leistungsfähiger.

b) Ich war nur kurz im Energiesparmodus.

c) Ach Mist, ich hab grad so schön von Ihnen geträumt!

d) ICH bin vielleicht eingeschlafen, aber SIE sind ja wohl schuld daran!

e) Ich bin nicht eingeschlafen, ich war auf einer Astralreise.

Wenn du beim Sportunterricht nicht mitmachen willst

a) Ich habe mich bereits für eine Schreibtischtätigkeit in meinem späteren Berufsleben entschieden. Ihr Unterricht bringt mir also für meine Karriere rein gar nichts.

b) Nach Kommando einem Ball hinterherwetzen tut nur mein Hund.

c) Sie hätten früher sicher wahnsinnig gut Christen an die Löwen verfüttert.

d) Sie hätten früher sicher wahnsinnig gut ein Geständnis aus jedem Ketzer herausgeholt.

e) Nur weil Sie zu faul waren, ein richtiges Schulfach zu studieren, müssen Sie das jetzt nicht an mir auslassen.

Wenn du bei den Bundesjugendspielen nicht mitmachen willst

a) Auszeichnungen bedeuten mir nichts. Ich WEISS, dass ich ausgezeichnet bin.

b) Der ganze Stress für ein Stück Blech an der Kordel? Ne, danke.

c) Ich hüpfe nicht in Sandkästen. Aus dem Alter bin ich raus.

d) Ich lauf nicht weg, wenn jemand schießt. Dafür hab ich zu viele Filme gesehen, wo das nach hinten losging …

e) Ich werfe keinen Speer, wenn ich damit nicht auch jemanden treffen darf …

Wenn du beim Schwimmunterricht nicht mitmachen willst

a) Ich kann seit *Haialarm auf Mallorca* nicht mehr ohne Panikattacken ins Wasser.

b) Die Evolution hat Jahrmillionen gebraucht, um meine Kiemen zurückzubilden. Ich will diese Leistung nicht mit Füßen treten, die keine Schwimmhäute haben.

c) Seit meinem Rückführungsseminar weiß ich, dass ich die Reinkarnation von Jesus Christus bin und übers Wasser gehen kann. Ich brauche keinen Schwimmunterricht.

d) Wenn ich mit Chlor in Berührung komme, explodiere ich.

e) Ich werde einmal so reich sein, dass ich mir eine Yacht kaufen kann. Ich muss nicht schwimmen können!

Wenn du schon wieder zum Unterricht zu spät kommst

a) Entschuldigung, unser Hahn ist gestorben.

b) Der Aufzug hatte Verspätung.

c) Na ja, in den ersten Minuten herrscht ja sowieso immer nur Geplänkel.

d) Willst du gelten, mach dich selten!

e) Freuen Sie sich doch lieber, dass ich JETZT da bin.

f) Bevor Sie mich maßregeln, sollten Sie in Betracht ziehen, dass ich vielleicht ein zukünftiger Nobelpreisträger bin, mit dem Sie es sich nicht verscherzen sollten.

g) Aber in Gedanken war ich den ganzen Schulweg über schon bei Ihnen.

h) Ich hoffe, Sie haben wenigstens die Hausaufgaben bereits kontrolliert ...

Arbeit und Büro

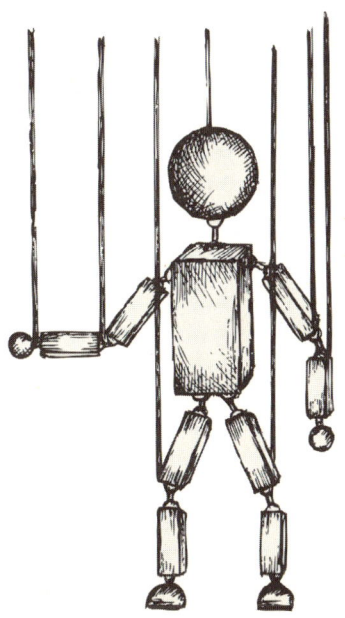

Wenn dein Kollege dir ständig die Schreibtischutensilien klaut

a) Früher hat man Dieben die Hände abgehackt. Könntest du mit Stümpfen noch tippen?

b) Verkaufst du das Zeug, das du bei mir mopst, wenigstens bei eBay? Dann will ich die Hälfte!

c) Leider bist du keine Elster, sonst würde ich dir vergiftete Brotkrumen auf die Tastatur legen.

d) Wenn ich noch einmal meinen Locher bei dir holen muss, mach ich dir damit ein neues Ohrloch.

e) Wenn ich noch einmal meinen Tacker bei dir holen muss, hast du ein neues Piercing.

f) Wenn ich noch einmal meinen Textmarker bei dir holen muss, zeig ich dir, wie man sich in den 80ern geschminkt hat.

Wenn du bemerkst, dass dein Kollege mal wieder im Büro geraucht hat, als du nicht da warst

a) Also, entweder lässt du Helmut Schmidt aus dem Schrank, oder du hörst auf, in meiner Abwesenheit zu quarzen.

b) Kann ich mal das Lineal haben? Ich würd mir gern den kalten Rauch von der Zunge schaben!

c) Okay, ich kipp noch rasch 'ne Kiste Bier aus, damit's hier wirklich riecht wie im Partykeller am Morgen danach und wir uns wieder wie 16 fühlen.

d) Hast du mal 'ne Kippe? Die würd ich dir nämlich gerne auf der Stirn ausdrücken!

e) Wenn du weiter das Rauchverbot ignorierst, ignorier ich das »Ich lade Pornofilmchen vom Rechner meines Kollegen und schwärz ihn damit beim Chef an«-Verbot.

f) Die nächste Zigarette, die du hier drin rauchst, ist die Zigarette DAVOR. VOR deinem Jochbeinbruch.

g) Komisch, mich stört es zwar, wenn du rauchst, aber es stört mich nicht, wenn du verbrennst.

Wenn dein Kollege ungefragt von deinem Essen nascht

a) Und was soll ich heute Abend für dich kochen, Schatz?

b) Das Gegengift kostet aber was.

c) Wenn du finanzielle Probleme hast, können wir gerne drüber reden.

d) Da ich nicht sicher sein kann, ob du dir auf der Toilette die Hände gewaschen hast, überlasse ich dir auch den Rest meiner Mahlzeit.

e) Oh! Schwanger?

f) Kein Problem – als ich deine(n) Freund(in) vernascht habe, hab ich ja auch nicht vorher gefragt.

g) Lang ruhig ordentlich zu! Der Krankenhausfraß, den du in nächster Zeit bekommen wirst, wird nicht so lecker sein.

Musterbrief: Wenn sich in der Kaffeeküche das Geschirr stapelt

Liebe Kollegen,

wir haben es bald geschafft: Unser großer Traum, auf den wir seit Wochen hinarbeiten, wird endlich Wirklichkeit. Wer hätte es damals gedacht, als dieser Raum noch so leer, kalt und klinisch rein war? Es ist nur der Phantasie einiger weniger Visionäre in dieser Firma zu verdanken, dass dies zum Glück bald Vergangenheit ist. Denn noch ein, zwei Tage, und unsere maßstabsgetreue Nachbildung der New Yorker Skyline in unserer kleinen Kaffeeküche ist endlich vollendet. Und das einzig und allein aus schmutzigem Geschirr!

Danke an alle, die hierfür ihre Opfer gebracht haben! Dank vor allem an denjenigen, der den Südteil mit verkrusteten Kuchentellerchen ausmodelliert hat. Die Patina mit den schon leicht angeschimmelten Krümelresten zeugt von großer Liebe zum Detail – ein wahrer Künstler!

Danke auch für den »Big Apple«, den ein Kollege mit nicht entsorgten Obstresten ziemlich wörtlich genommen hat. Wie man sieht, sind sogar schon die ersten Mieter eingezogen, und das Leben pulsiert in unserem Madenhattan.

Auch einen ganz besonderen Dank an all jene, die konsequent und schweren Herzens seit Monaten die Spülmaschine ignorieren und aus dem Ground Zero des Spülen-Kraters ein einzigartiges

Bauwerk entstehen ließen, welches wie ein Fanal gen Himmel ragt. Es wirkt für den einen oder anderen Betrachter vielleicht instabil, doch ein dicker Film aus Marmeladenresten, der mittlerweile fest wie Zement geworden ist, verleiht dem filigranen Gebilde eine fast erdbebensichere Stabilität.

Vielen, vielen Dank an alle, die sich an diesem wunderbaren Projekt beteiligt haben und dadurch einen außergewöhnlichen Sinn für Kunst bewiesen haben. Ihr seid die Größten!

Euer/e
[NAME]

Wenn dein Kollege lauthals Radioschnulzen mitsingt

a) Ich sage dir jetzt, was vielen Menschen anscheinend nie gesagt wurde: Geh in keine Castingshow!

b) Schlaf nie an deinem Arbeitsplatz ein! Es könnte sonst sein, dass ich dir dann die Stimmbänder mit der Papierschere durchtrenne.

c) Findest du das dem Künstler gegenüber nicht ein wenig respektlos?

d) Kannst du das Radio bitte noch etwas lauter machen? Ich höre dich immer noch durch.

e) Warum singst du ein anderes Lied als das, was gerade läuft?

f) Willst du nicht mal was essen?

g) Ich hab 'ne Idee: Ich bring morgen meine Gitarre mit! Und schlag dich damit bewusstlos.

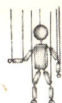

h) Du warst im ersten Leben Marktschreier, oder?

i) Es gibt offensichtlich nicht nur sexuelle Nötigung am Arbeitsplatz.

j) Sing doch auf der Toilette, da ist die Akustik besser und das Umfeld passt perfekt!

k) Sing doch auf der Toilette – da ist die Akustik besser, und ich versuche dann, dich auf der Klospülung zu begleiten!

Wenn dein Kollege nach Jahren immer noch nicht den Kopierer bedienen kann

a) Auch wenn er ein bisschen aussieht, wie R2-D2: Er ist nicht von einem anderen Stern!

b) Wenn sich die Praktikantin auf der Weihnachtsfeier mit zwei Promille darauf ihren nackten Arsch kopieren konnte, schaffst du das auch!

c) Keine Angst – du kannst ihn wirklich nur dann kaputtmachen, wenn du zwei falsche Tasten nacheinander drückst.

d) Mit deinem Computer auf Pornoseiten surfen ist komplizierter. ♀

e) Mit deinem Computer bei Zalando einkaufen ist komplizierter. ♂

f) Tipp: Wenn dein Blatt in dünnen Streifen rauskommt, wars nicht der Kopierer!

g) Meinst du nicht, du hättest es schneller abgemalt?

h) Es gibt Affen, die in den Weltraum fliegen, und du scheiterst beim Kopierer?

i) Mal mit dem Gedanken gespielt, umzuschulen? Vielleicht irgendwas draußen in der Natur?

j) Vielleicht klappt's ja, wenn du ihn ganz freundlich darum bittest, dir das Blatt zu kopieren ...?

Wenn dein Kollege dauernd am Telefon Privatgespräche führt

a) Willst du mich nicht adoptieren? Dann blieben die ganzen persönlichen Details wenigstens in der Familie.

b) Willst du nicht von zu Hause aus arbeiten? Dann könnten WIR immer miteinander telefonieren.

c) Ich kenn ja nur, dass man sich Arbeit mit nach Hause nimmt, aber nicht umgekehrt.

d) Gut, dass du hier eigentlich nur den halben Tag arbeitest, sonst würden die mir noch mehr von deinen Sachen aufhalsen.

e) Ich kann mich wirklich ganz schlecht konzentrieren, wenn deine Familie dauernd anruft. Können die nicht einfach dranbleiben?

f) Ich find's toll, wie du Familie und Beruf unter einen Hut bringst. Ich hätte dafür auf der Arbeit gar keine Zeit!

g) Danke, dass ich in deinem Wohnzimmer arbeiten darf!

h) Wenn ich zu laut arbeite, während du privat telefonierst, sag Bescheid. Dann mach ich so lange vier Stunden Pause.

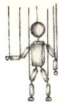
Wenn dein Kollege dauernd krankfeiert und die Arbeit bei dir landet

a) Magst du nicht einfach aus der Evolution ausscheiden? Du bist zu schwach!

b) Es tut mir wirklich gut, deine Arbeit noch mit zu machen. Es stählt und stärkt meine Abwehrkräfte.

c) Eine Frage an dich als Experten: Laufen nachmittags eigentlich noch neue Gerichtsshows oder sind das alles Wiederholungen?

d) Kannst du mir mal die Adresse deines Arztes geben? Meiner zickt immer so rum, wenn ich simuliere.

e) Müsstest du nicht langsam Antikörper gegen dich selbst entwickelt haben?

f) Ach, sorry, ich hab dich gar nicht erkannt – wir haben uns ja ewig nicht mehr gesehen.

g) Irre: Normalerweise werden alle immer von zu viel Arbeit krank – du wirst nur krank, und alle anderen haben zu viel Arbeit!

h) Gut, dass du da bist. Ich fülle gerade den Antrag für dich aus und kann mich nicht entscheiden zwischen Früh- oder Invalidenrente.

i) Ich find's prinzipiell in Ordnung, wenn du so gerne von daheim aus arbeitest – doof ist nur, dass du die Arbeit hier im Büro vergisst!

j) Hoffentlich bist du kein Organspender. So oft, wie du krank bist, kann man auf deine Organe ja null Garantie geben!

Wenn dein Kollege am Schreibtisch Selbstgespräche führt

a) Sag mir ehrlich: Siehst du tote Menschen? (*The Sixth Sense*)
b) Schulst du um zum allwissenden Erzähler, oder warum kommentierst du alles?
c) Ich weiß nicht, wer er ist, aber wenn er hier drin raucht, haben wir ein Problem.
d) Sag ihm, er soll sich auf dem Klo hinsetzen!
e) Teilst du dir dein Gehalt mit ihm?
f) Ach, ist heute »Imaginärer-Freund-mitbring-Tag«? Und ich hab den Hasen zu Hause gelassen…
g) Machen wir's so: Wenn du mich meinst, sag vorher einfach meinen Namen.
h) Du sprichst schon wieder im Schlaf.
i) Ich erzähl dir meinen Teil der Geschichte dann später, wenn du in der Mittagspause bist, okay?

Wenn dein Kollege unerträglichen Mundgeruch hat

a) Tierliebe schön und gut, aber musst du den Iltis in deiner Mundhöhle austragen?
b) Wenn dir jemand ein Kaugummi anbietet, möchte er, dass du es nimmst!
c) Deine Mundflora ist irgendwie zur Monokultur aus Morcheln geworden.
d) Verrückte Idee: Zähne putzen!

e) Wenn du mit mir sprichst, kannst du dann vielleicht so tun, als würde ich hinter dir stehen?

f) Soll ich dir was aus der Kaffeeküche mitbringen? Vielleicht eine Tasse Spüli?

g) Was du sagst, ist vielleicht harmlos – aber wie du dabei riechst, ist furchteinflößend!

h) Brennt es in deinem Mund auch so wie in meiner Nase?

i) Du gibst dem Filmtitel *Der Hauch des Todes* eine ganz neue Bedeutung!

j) Vorschlag: Ich halt mir die Nase zu und du dir den Mund!

Wenn dein Kollege unerträgliche Käsefüße hat

a) Wenn du Schuhe von Salamander trägst, hab ich schlechte Nachrichten: Er ist tot, und zwar schon länger!

b) Kriegst du den Doppelknoten nicht mehr auf, oder warum schläfst du seit Monaten in deinen Schuhen?

c) Wenn dir endlich die Füße abgefault sind, sparst du im Jahr locker 300 Euro für Schuhe – clever!

d) Gibst du mir mal den Brieföffner? Ich muss mir das Geruchszentrum im Hirn punktieren.

e) Wehe, wenn wir durch dich hier Mäuse kriegen!

f) Lagerst du den Limburger immer in deinen Schuhen?

g) Kann es sein, dass du den Orthopäden mit der Käsetheke verwechselst hast?

h) Ich hab nix gegen Vegetarier, aber dass das Fleisch an den Füßen nach Käse riecht, ist echt übertrieben!

i) Du bist definitiv kein Fisch – die stinken nämlich immer vom Kopf her.

Musterbrief: **Wenn du mal wieder verschimmelte
Lebensmittel aus dem Gemeinschaftskühlschrank
entfernen musstest**

Liebe Kollegen,

*der Winter ist in unserem Kühlschrank eingebrochen, und die
unterschiedlichen Lebensmittel stellen sich darauf ein. Der quir-
lige Joghurt hat sich über die letzten Wochen ein graues Fell
wachsen lassen, um sich für die harten und kalten Tage zu rüs-
ten. Dick eingepackt hält er schützend sein kuscheliges Vlies
über die kleinen linksdrehenden Kulturen. Der Schinken hat sich
eingekringelt, um bei der bevorstehenden Kälte so wenig Energie
wie möglich abgeben zu müssen. Hart wie Leder ist seine Haut
geworden, denn nur so kann er die Wärme tief in seinem Innern
bis zum Frühjahr speichern. Ganz anders die kleinen Trauben
im südlichen Obstfach – sie haben sich schon formiert und begeben sich nun auf eine lange Wanderschaft zur etwas wärmeren
Gemüseregion. Dort überwintern sie wie jedes Jahr im Schatten
der mittlerweile braun verfärbten Paprikaschoten. Doch die
Reise ist lang und kraftzehrend. Nicht alle Träubchen werden es
bis ins Ziel schaffen, und die Natur wirkt oft grausam und herz-
los, wenn der Schwarm einfach weiterzieht und schwache und
verschrumpelte Exemplare beim vergorenen Frischkäse zurück-
lässt.*
*Aber auch die Milch sorgt nicht mehr für gute Laune – sie ist
bereits sauer geworden. Immerhin sichert ihr dies das Überleben
bis zum nächsten Frühling, wenn die ersten Sonnenstrahlen ihre
dünne Haut kitzeln, die ihr mittlerweile gewachsen ist.*
*Freilich, wenn dereinst eine neue Jahreszeit im Kühlschrank an-
bricht und die Wärme in die kalte Welt zurückkehrt, so wie es*

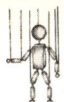

letzte Woche schon einmal geschehen ist, als jemand die Tür einen halben Tag lang offen ließ, dann sprießt neues Leben aus allen Ecken und Ritzen. Ist die Natur nicht ein einziges Wunder? Ein endloser Kreislauf voller Kraft und Energie? Lasst uns dieses Kleinod gemeinsam bewahren wie einen wertvollen Schatz. Der Kühlschrank lebt! Die Gastritis darf nicht sterben!

Euer/e
[NAME]

Wenn deine Kollegin unerträglich viel Parfüm aufträgt

a) Nur, damit es dir nicht noch mal passiert: Kleopatra hat in Eselsmilch gebadet, nicht in Kölnisch Wasser!

b) Hast du dir das Zeug in die Venen gespritzt?

c) Wenn ich gleich ohnmächtig werde, verlass einfach den Raum.

d) Ich würde an deiner Stelle offenes Feuer meiden.

e) Willst du den Chef beeindrucken oder narkotisieren?

f) Hast du dich wieder bei Douglas im Regal gewälzt?

g) Na, heute Morgen wieder das Parfüm-Flacon mit der Parfüm-Flak verwechselt?!

h) Entweder ist meine Nase überempfindlich oder deine abgestorben!

i) Gießt du auch deine Blumen mit Parfüm oder nur dich?

j) Halleluja, laut dem Genfer Protokoll ist der Einsatz von C-Waffen seit 1925 verboten!

Wenn dein Kollege die Klimaanlage auf Höchstlast fahren will

a) Auch wenn ich das Bild wahrscheinlich nie mehr aus dem Kopf bekomme: Zieh dich bitte aus, bevor ich mir hier den Tod hole!

b) Okay, stellen wir einfach die Lebensmittel hier rein, und ich wärme mich ein bisschen im Kühlschrank auf.

c) Wenn du für den Everest trainieren möchtest, mach's in deiner Freizeit!

d) Also, meine Falten wären jetzt alle weg. Können wir das Ding wieder ausschalten?

e) Ich wusste ja immer, dass der Job hier die Hölle ist, aber dass sie tatsächlich einmal gefriert, hätte ich nicht für möglich gehalten.

f) Willst du an 'ne Metzgerei untervermieten?

g) Gibst du mir mal den Locher? Ich bin am Stuhl festgefroren.

h) Ich weiß ja, dass ich heiß bin – aber das ist echt übertrieben!

i) Jetzt reicht's! Ich hab mir gerade mit einem Eiszapfen in meinem Mund die Zunge perforiert.

j) Ist es menschlich nicht schon kalt genug zwischen uns?

Wenn dein Kollege die Klimaanlage nicht einschalten will

a) Wenn du deinen Körper auf die Erderwärmung vorbereiten willst, schlaf doch im Backofen.

b) Nur weil du Geizhals dir das Saunageld sparen willst, schwitz ich mir hier nicht die Klamotten durch.

c) Vorschlag: Ich mach hier kurz die Klimaanlage an, während du 'ne Runde in der Mikrowelle drehst.

d) Ach schön – wenn mir die Suppe so den Rücken runterläuft, fühl ich mich wie auf Malle.

e) Machst du den nächsten Aufguss? Fichtennadel?

f) Entschuldigung, hast du was gesagt? Mir steht das Wasser in den Ohren!

g) Fängt dein Wasserkopf eigentlich an zu pfeifen, wenn der Raum hundert Grad hat?

h) Geiz ist NICHT geil!

Wenn dein Kollege ständig zu spät zum Meeting kommt

a) Mach dir doch einfach ein T-Shirt, auf dem steht, dass du studiert hast, dann musst du nicht immer das akademische Viertel ausnutzen.

b) Der frühe Vogel behält den Job!

c) Soll ich dir den Uhrmacher zahlen?

d) Auf die heutige Ausrede bin ich gespannt. Und lass es bitte was mit Entführung, Schießerei oder Aliens sein!

e) Du hast ja so recht: Die ersten Minuten passiert hier sowieso nie was – weil alle auf dich warten!

f) Wenn's mit dem Wecker nicht funktioniert, versuch's doch mal mit Kindern.

g) Warum schläfst du nicht einfach hier?

Wenn sich deine Kollegin viel zu sexy anzieht, um dem Chef zu gefallen

a) Die Waffen der Frauen in allen Ehren, aber musst du gleich Alderan in die Luft jagen? (*Star Wars*)

b) Gut umgesetzt – im letzten Meeting hieß es ja, dass alles billiger werden muss …

c) Willst du dir was dazuverdienen?

d) Kannst du nicht wie alle anderen bis zur Weihnachtsfeier warten?

e) Wunder dich nicht: »Büromatratze« meinen die Kollegen als liebevolles und anerkennendes Kompliment …

f) Wenn ihr die Besenkammer braucht, sag Bescheid, dann block ich das im Outlook für dich.

g) Und? Schubbert der Teppichboden im Chefbüro wirklich so die Knie auf, wie deine Vorgängerin immer erzählt hat?

h) Das muss wahre Liebe sein, dass du dich so für den erniedrigst.

i) Wenn du dafür 'ne Gehaltserhöhung kriegst, komm ich morgen nackig!

j) Ach, DU hast heute die Nachtschicht.

Wenn dein Chef dir mal wieder anzüglich auf den Hintern klopft

a) Wollen Sie mir was morsen? Die Antwort kann ich ihnen jetzt schon geben: A-R-S-C-H-L-O-C-H.

b) Danke für Ihre DNA-Probe auf meinem Rock. Die kann

ich gut bei meiner Anzeige wegen sexueller Belästigung gebrauchen.

c) So, und jetzt bin ich dran: Die Beine bitte gaaaanz weit auseinander …

d) Oh, jetzt hab ich nicht hingeschaut – haben Sie mit der rechten oder mit der linken Hand zugelangt? Damit mein Bruder weiß, welche er Ihnen amputieren soll.

e) Sie haben aber große Hände. Kann man im Knast sicher gut gebrauchen, wenn man sich nach der glitschigen Seife bückt.

Wenn dein Chef dich fragt, ob du ein paar unbezahlte Überstunden machen kannst

a) Na klar. Möchten Sie vielleicht in der Zeit mit meiner Frau schlafen?

b) Natürlich unbezahlt! Oder seh ich aus wie 'ne Nutte?

c) Können Sie mich morgen noch mal fragen, nachdem ich »Arbeitsschutz« gegoogelt habe?

d) Gerne. Ich kann ihnen auch gleich 'ne Niere spenden, wenn Sie wollen.

e) Gegenfrage: Mähen Sie mir am Samstag dafür den Rasen?

f) Unbedingt, ich bin ja Lottomillionär und arbeite lediglich, um geerdet zu bleiben.

g) Aber gerne. Dank meines sogenannten »Gehalts« bin ich es ja gewohnt, unbezahlt zu arbeiten.

h) Wenn Sie ein Date mit mir haben wollen, dann fragen Sie doch einfach!

Musterbrief: **Wenn dein Chef eine Freundschaftsanfrage auf Facebook stellt**

Sehr geehrter Herr/Frau [NAME],

ich habe mich sehr über Ihre Freundschaftsanfrage bei Facebook gefreut. Doch obwohl – oder sogar weil – mir sehr an einem guten Arbeitsklima gelegen ist, muss ich Ihnen leider absagen. Die von Ihnen gewählte Plattform bietet einige Features, die zur Folge haben könnten, dass Sie mir fristlos kündigen, Sie den letzten Funken Respekt vor Ihren Mitarbeitern verlieren, vor Schock aus dem zehnten Stock springen, ab jetzt bewaffnet ins Büro kommen, zum Islam konvertieren oder gar den Glauben an die Menschheit verlieren und heute Nacht Ihre komplette Familie erdrosseln.

Ich kann nicht verantworten, dass Sie plötzlich erkennen müssen, dass die meisten der Kolleginnen und Kollegen den Großteil ihrer Arbeitszeit mit Online-Spielen verbringen, auf YouTube Katzenbabys anschauen, Urlaubsbilder hochladen oder in der Besenkammer Sex haben.

Ich bitte Sie deshalb im Sinne einer weiterhin funktionierenden Bürogemeinschaft, auf eine Facebook-Freundschaft zu verzichten, auch wenn Sie dann niemals herausbekommen werden, wer bei der Weihnachtsfeier in den Kopierer gekotzt hat, Vater des Kindes Ihrer Sekretärin ist, es schon alles auf Ihrem Schreibtisch getrieben und Sie beim Vorstand angeschwärzt hat.

Hochachtungsvoll, Ihr/e
[NAME]

Urlaub und Reisen

Wenn dich der Sicherheitsbeamte am amerikanischen Flughafen fragt, ob du einen Terroranschlag planst

a) Nein.
b) Nein.
c) Nein.
d) Nein.
e) Nein.

Wenn dich am Flughafen die Kreditkarten-Mafia anlabert

a) Nein danke, ich zahl immer mit meinem »guten Namen«.
b) Wozu? Ich hab einen Mann, einen Chef und einen Liebhaber!
c) Möchtest du denn eine Zahnzusatzversicherung?
d) Brauch ich nicht, ich klaue.
e) Danke, ich kokse nicht mehr.
f) Au ja, den Flug verpasse ich dafür gerne, hatte eh nur Economy, Mittelplatz.
g) Nein danke, die Karte passt farblich nicht zu meinen Geldscheinen.
h) Nein danke, ich will kein Übergepäck bezahlen.

Wenn du im Zug zum vierten Mal gefragt wirst, ob du noch zugestiegen bist

a) Nein, aber ich bin ein Gestaltwandler, der im Zehn-Minuten-Takt sein Aussehen ändert. Vermutlich erkennen Sie mich deswegen nicht wieder.
b) Jawoll, ich steige an jedem Bahnhof aus und wieder zu, damit Ihre Frage Sinn ergibt.
c) Ja, ich und meine Drillingsbrüder vor mir auch.
d) Nein, aber wecken Sie mich ruhig noch ein paar Mal. Ich liebe diesen Adrenalinkick, wenn ich hochschrecke.
e) Wenn ich mir einfach noch eine Fahrkarte kaufe, hören Sie dann auf, mich das ständig zu fragen?
f) Wer sind Sie?
g) Mittlerweile erinnert sich ja sogar die Stubenfliege hier im Abteil an mich. Tauscht doch mal.
h) Fragen Sie das Ihre Frau auch jedes Mal, wenn Sie zu Hause an ihr vorbeilaufen?

Wenn sich im Urlaub jemand vor dem Frühstück seine Liege mit einem Handtuch reserviert

a) Und morgen besetzen Sie Polen?
b) Guten Tag, Handtuch-Polizei. Kann ich mal bitte Ihren Textilschein und die Liegepapiere sehen?
c) Bevor Sie diese Liege mit Ihrem Handtuch reserviert haben, habe ich sie leider schon mit einem unsichtbaren UV-Stift markiert. Wie, Sie haben Ihre Schwarzlichttaschenlampe nicht dabei? Sorry …

d) Danke, dass Sie mir die Liege mit Ihrem Handtuch frei-gehalten haben.

e) An Ihrem ausgeprägten aggressiven Territorialverhalten erkenne ich, dass Sie in einem früheren Leben ein be-rühmter Eroberer gewesen sind. Leider sind Sie heute einfach nur ein Idiot.

Wenn sich im Urlaub jemand deine mit einem Handtuch reservierte Liege geschnappt hat

a) Verwechseln Sie öfter Dinge? Zum Beispiel, wer von uns beiden den anderen gleich ungespitzt in den Boden stampft?

b) Danke, dass Sie auf meine Liege aufgepasst haben. Sie können in zwei Stunden wiederkommen, da geh ich zum Volleyball.

c) Ach, bleiben Sie ruhig liegen, ich hau mich derweil in Ihrem Zimmer aufs Ohr.

d) Du kannst schon mal den ADAC-Heli bestellen, der dich nach Hause fliegt, wenn du nicht in fünf Sekunden von meiner Liege verschwunden bist. Vier … drei …

e) Verzeihung, darf ich Sie als Blinden zu den Behinderten-liegen führen, die dort hinten postiert sind?

f) Also, wie Sie Ihre Liege unter mein Handtuch bugsiert haben, ist wirklich Las-Vegas-reif – Respekt!

g) Oh, hatte ich schon wieder mein Handtuch auf Ihre Liege gelegt? Pardon!

h) Sie gehen aber ran – wir waren noch nicht mal zusam-men essen, und schon legen Sie sich zu mir …?

Wenn du siehst, dass sich jemand beim Sonnenbaden Verbrennungen zweiten Grades geholt hat

a) Das ist morgen alles braun. Und dann schwarz.
b) Wollten Sie mal schauen, ob's drunter besser aussieht?
c) Hummer – nicht schlecht. Ich geh dieses Jahr als Cowboy.
d) Die Evolution muss ja auch ab und zu jemanden aussortieren.
e) Wenn Sie jetzt noch einen Eimer kochendes Wasser trinken, könnten Sie von innen mitarbeiten.

Wenn jemand am Pool trotz Verbotsschild vom Beckenrand springt und dich klatschnass spritzt

a) Spitzenservice hier in diesem Hotel. Man muss gar nicht mehr selbst in den Pool, sondern kriegt den Pool an die Liege gebracht.
b) Beneidenswert, dass Sie im Urlaub so komplett abschalten können. Sogar Ihr Gehirn ist vollständig deaktiviert.
c) Jetzt weiß ich endlich, wer Pate für den Begriff »Arschbombe« war …!
d) Kompliment, du bist wirklich ein guter Animateur. Du hast mich gerade extrem animiert, dir weh zu tun.
e) Super, gewaschen ist, fehlt noch schneiden und legen, bitte.

Wenn der Barkeeper nicht in der Lage ist, einen ordentlichen Cocktail zu mixen

a) Kann ich noch einen Schuss mehr Spülwasser drinhaben? Das erinnert mich so an den Alkohol, der darin fehlt.

b) Wie war das so, als Sie früher in der Tanzschule an der Limonadenbar standen?

c) Ist das eine Art Test? Wer das Gesöff hier runterkriegt, bekommt die RICHTIGEN Cocktails?

d) Ist das Hotel überbelegt oder warum wollen Sie die Gäste hiermit vergiften?

e) Ist das hier die Bar vom Bambiniclub oder warum mixen Sie nur Kindergartenmischungen?

Wenn der Animateur am Strand nicht kapiert, dass du deine Ruhe haben willst

a) Wie wäre es mit »Den Animateur in den Sand einbuddeln und vergessen«? Da würd ich glatt mitmachen!

b) Das Einzige, was du bei mir animierst, ist der Wunsch, dich so lange unter Wasser zu drücken, bis es nicht mehr blubbert.

c) Wenn du dir beim Volleyball beide Hände brichst, würde mich das nicht einmal animieren, einen Arzt zu rufen.

d) Nur weil du die Prüfung zum Rodeoclown nicht geschafft hast, musst du mir hier nicht auf den Zeiger gehen.

e) Kannst du nicht den fliegenden Händler fragen, der mich genauso nervt wie du?

Wenn der fliegende Händler am Strand nicht kapiert, dass du deine Ruhe haben willst

a) Nimmst du EC-Karte?
b) Krieg ich 'ne ordentliche Rechnung inklusive Mehrwertsteuer?
c) Zeig mir erst einmal deinen Gewerbeschein!
d) Ich würd gerne alle Aktien deiner Ich-AG kaufen, nur um dich zu feuern!
e) Was heißt »Ich kaufe nichts!« in deiner Sprache? Und kannst du mir das als Henna-Tattoo auf die Stirn schreiben?
f) Verkaufst du mir den Animateur, der mich genauso nervt wie du?

Wenn dein Sitznachbar im Flieger unerträglich nach kaltem Schweiß riecht

a) Könnten Sie noch einmal kurz die Arme heben? Wenn ich dann tief einatme, muss ich keine Schlaftablette nehmen, sondern werde einfach bewusstlos.
b) Haben die im Duty-free-Shop an Bord Feuerzeuge? Dann könnte ich Ihnen die Achseldrüsen veröden.
c) Ich überlege ernsthaft, laut »Bombe!« zu rufen, damit mich der Airmarshall niedertasert, damit ich Sie nicht mehr riechen muss.
d) Und ich dachte, man darf keine Flüssigkeiten mit an Bord nehmen ...
e) Könnten Sie die beiden Iltisse, die unter Ihren Armen wohnen, unter dem Vordersitz verstauen?

f) Darf ich mir ein Fläschchen abzapfen? Ich plane einen biologischen Terrorangriff an unserem Zielort.

g) In was haben Sie sich gewälzt, bevor Sie eingestiegen sind?

h) Darf ich Sie über die Feiertage zu uns einladen? Dann sind die Schwiegereltern vielleicht früher wieder raus.

Behörde und Obrigkeit

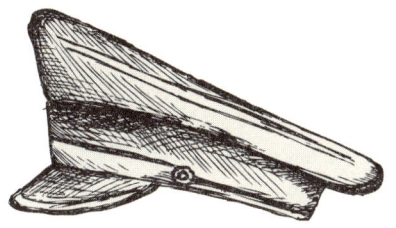

Wenn die GEZ-Agenten nach deinem Fernseher fragen

a) Da nur Müll in der Glotze läuft, könnte ich Ihnen was für die Biotonne mitgeben. Da kommen Sie auf dem Weg nach unten eh vorbei.

b) Fernseher? Den hab ich angezündet, als ich ihn mit dem Kamin verwechselt hab.

c) Den hab ich aus dem Fenster geworfen, als ich Florian Silbereisen in HD gesehen habe.

d) Den habe ich aus dem Fenster geworfen, als ich Veronika Ferres in Dolby Surround gehört habe.

e) Ich hör immer bei den Nachbarn mit und schau dabei in die Mikrowelle.

f) Ich wohn hier gar nicht, ich raub den Bonzen nur die Bude aus.

g) Können Sie sich keinen eigenen leisten?

Wenn du bei der Musterung nach deinem Drogenverhalten gefragt wirst

a) Ich kann jederzeit damit aufhören.

b) Gut, dass Sie mich das fragen. Mich mich interessiert schon lange, ob man bekifft Panzer fahren darf.

c) Warum ist denn alles so bunt und voller Plüsch hier?

d) Deshalb will ich ja zum Bund – auf der Straße wird es ja immer schwieriger, an das Zeug ranzukommen!

e) Ich bin ganz gut dabei. Aber zu einem echten Gangster fehlen mir nun mal die Knarren. Und hier kommen sie ins Spiel!

f) Was brauchen Sie denn so? Soll ich Ihnen was besorgen?

g) Ich hab alles außer Chemie.

h) Nur wenn ich hackevoll bin.

Wenn der Typ auf der KFZ-Zulassungsstelle dich behandelt wie Dreck

a) Ist die Luft hinter der Scheibe so schlecht, wie Sie aussehen?

b) Oh großer Gott der Kutscher! Bitte spende deinem treuen Diener hinter der Theke Freude in seinem Herzen, auf dass er sie an seine Mitmenschen weitergeben möge. Amen.

c) Es tut mir leid, wenn ich Sie mit meiner Anwesenheit beleidigt habe.

d) Bitte vielmals um Entschuldigung. Ab sofort fahr ich lieber ohne Kennzeichen, als Ihnen nochmals den Tag zu verderben.

e) Wie hieß denn Ihr Hund, der gestorben ist?

f) Ich kann nichts dafür, dass Sie nichts aus Ihrem Leben gemacht haben und langsam in diesem Aquarium verrotten.

Wenn der Mitarbeiter des Arbeitsamtes dich behandelt wie Dreck

a) Ich wusste gar nicht, dass das »A« in eurem Logo für »Arschkrampen« steht.

b) Ich bin arbeitslos, aber im Gegensatz zu Ihnen nicht anstandslos.

c) Okay, ich habe verstanden, dass ich für Sie minderwertiges Leben bin, welches noch unter den Bakterien steht, die den Dreck unter Ihren Fingernägeln fressen.

d) Wenn ich wieder Arbeit habe, hätte ich Sie gerne als Kollegen – zum Mobben!

e) Wollen Sie mal auf meine Seite des Tisches kommen? Da hat man einen schönen Ausblick auf jede Menge Arschlöcher.

Wenn der Mitarbeiter des Standesamtes dich und deinen Partner behandelt wie Dreck

a) Können wir doch nichts dafür, dass es bei Ihnen nicht funktioniert hat.

b) Na, so werden Sie aber nicht auf die Hochzeit eingeladen.

c) Wir würden Sie gerne zur Hochzeit einladen. Wir brauchen dringend noch jemanden, der dafür sorgt, dass die Gäste nicht zu lange bleiben.

d) Was stellen Sie dar? Das letzte Bollwerk, bevor es kein Zurück mehr gibt?

e) Gott sei Dank muss ich nicht SIE heiraten.

f) Schau dir den genau an, Schatz! Du hättest auch an so etwas geraten können…

g) Eifersüchtig?

h) Sind Sie neidisch auf den Ring? Die Laune und das Aussehen von Gollum haben Sie ja bereits!

i) Sie Armer. Jeden Tag andere Menschen glücklich machen – da kann man ja nur schlechte Laune haben!

Wenn die Polizei bei dir wegen Ruhestörung klingelt

a) Nur weil die Deppen keinen Musikgeschmack haben…

b) Egal, was die Ihnen gezahlt haben, Herr Wachtmeister, ich verdopple!

c) Wollen Sie nicht reinkommen und in was Gemütliches schlüpfen?

d) Wenn Sie mir kurz Ihre Waffe leihen, kann ich das Problem selbst regeln.

e) Kein Problem: Wir machen leiser und vergiften morgen den Hund von dem Idioten, der sich beschwert hat.

f) Könnten Sie mir sagen, wer bei Ihnen angerufen hat, damit ich morgen das richtige Auto zerkratze?

g) Und dafür sind Sie den ganzen Weg hierhergefahren? Was für ein Scheißjob, wie?

h) Das kommt nicht von uns. Hört sich vermutlich nur so an, und um nachzuschauen bräuchten Sie einen Durchsuchungsbefehl. Wiedersehen!

i) Hilft es, wenn ich Ihnen versichere, dass die Musikanlage ordnungsgemäß bei der GEZ gemeldet ist?

j) Was halten Sie von einem Deal: Ich brenn Ihnen eine CD von meinen illegalen Downloads, und Sie fahren einfach wieder.

Wenn der Ordnungsamt-Mitarbeiter dich ermahnt, dass dein Hund an die Leine muss

a) Jawohl, mein Führer!

b) Ich habe eine unsichtbare Leine dabei. Man braucht allerdings Abitur, um die sehen zu können.

c) Müssen Sie nicht dringend bei 'ner Sendung auf RTL2 mitmachen?

d) Ich und mein Hund sind schneller als Sie. Es hängt an Ihnen, ob Sie sich zum Affen machen wollen.

e) Kann ich bitte erst mal Ihren Gestapo-Ausweis sehen?

f) Die Leine hab ich zu Hause gelassen – damit putzt gerade Ihre Frau nackt meine Wohnung.

g) Wenn ich ihm jetzt die Leine anlege, zerreißt er alles, was eine lächerliche Uniform trägt …

h) Nur weil Sie daheim an der kurzen Leine gehalten werden, können Sie das doch nicht auf meinen Hund übertragen!

i) Deinen peinlichen Beruf gibt's auch nur in Deutschland, oder?

j) Ich bin doch nicht lebensmüde. Sie können das ja gerne selbst mal versuchen – wenn Sie ein paar Finger zu viel haben.

Wenn dir die Politesse das Ticket ausstellt, nachdem du nur um ein paar Sekunden die Parkzeit überschritten hast

a) Wenn's um Verkehr geht, messt ihr Mädels echt mit zweierlei Maß: Mal sind ein paar Sekunden viel zu kurz und dann wieder gleich strafbar.

b) Uhrenvergleich!

c) Der Satz »Im Zweifel für den Angeklagten« kommt nicht von euch, was?

d) Um dieses Ticket zu rechtfertigen, müsste ich eine Parkscheibe mit Sekundenanzeige haben!

e) Das ist das Fahrzeug von meinem/r Ex. Ich hoffe, hier wird auch abgeschleppt...

f) Können wir nicht die Einparkzeit abziehen? Dann hätte ich jetzt noch 15 Minuten übrig...!

g) Ihr wollt gar nicht gemocht werden, wie?

h) Jetzt weiß ich endlich, warum es »päpstlicher als der Papst« heißt. »Politessiger als die Politesse« klingt einfach nur doof!

i) Kann ich Sie als Wecker mieten?

j) Geben Sie mir wenigstens Ihre Handynummer – so ein Aktenzeichen ist immer so unpersönlich.

k) Und ich dachte, zu früh zu kommen, sei eher ein Männerding.

l) Sie üben gerade nur, oder?

m) Auch wenn Sie meinem Auto Scheine ins Dekolleté stecken: Es wird nicht für Sie tanzen.

Musterbrief: **Wenn du schriftlich zu einem Knöllchen Stellung nehmen willst**

Lieber Mitspieler,

ich bin mit meinem letzten Zug am [DATUM] mit meiner Spielfigur [AUTOKENNZEICHEN] auf die [STRASSENNAMEN]-Straße gekommen. Eigentlich wollte ich die [PARKSCHEINBETRAG] € für die [STRASSENNAMEN]-Straße bezahlen, weil sie gut zu meiner Haupt- und Bahnhofsstraße gepasst hätte.
Jetzt hatte ich aber nicht mehr genügend Geld, die Bank war zu, und ich musste eine ganze Runde abwarten, um über Los zu gehen und die [PARKSCHEINBETRAG]-€ einzuziehen.
Mittlerweile sind Sie auf die [STRASSENNAMEN]-Straße gekommen und wollen völlig regelkonform Ihre Miete in Höhe von [BUSSGELDBETRAG] € einziehen. Da ich in meiner letzten Runde leider nicht auf das »Frei parken«-Feld gekommen bin, möchte ich Ihnen gerne folgendes Tauschgeschäft anbieten.

Ich biete Ihnen:
- *Meine »Du kommst aus dem Gefängnis frei«-Karte – wenngleich diese Karte noch keine allzu große Rolle spielen dürfte.*
- *Meine Gemeinschaftskarte: »Du hast den 2. Platz in einer Schönheitskonkurrenz gewonnen. Ziehe 100 € ein« – auch wenn das mit der Realität sicher nichts zu tun hat.*
- *Und Sie dürfen Ihre Ereigniskarte: »Betrunken im Dienst. Strafe 200 €« zurück in den Ereigniskarten-Stapel stecken.*

Dafür bekomme ich die [STRASSENNAMEN]-Straße, womit Ihre fällige Mieteinnahme von [BUSSGELDBETRAG] € gegenstandslos würde.

Da Sie ja noch kein Hotel auf der Straße stehen haben, habe ich die leise Hoffnung, dass Ihnen der Tausch nicht allzu schwerfallen könnte.

Sollten wir uns einig werden, ist das besser als »Rücke vor bis auf Los«. Sollten wir uns nicht einigen, gehe ich direkt ins Gefängnis, begebe mich direkt dorthin, gehe nicht über Los, ziehe keine 2000 € ein, und Sie haben die Runde gewonnen.

Wie auch immer, Sie sind ein toller Spielpartner, und es ist mir ein Fest, mit Ihnen zu würfeln.

Ihr/e Fern-Monopoly-Spielpartner/in
[NAME]

PS: Oh, Sechserpasch …

Wenn der Staatsanwalt vor Gericht dich nach deinem Alibi fragt

a) Schon mal was von Privatsphäre gehört?

b) Sie wollen doch nur von sich ablenken – wo waren Sie denn?

c) Wenn ich gewusst hätte, dass Sie mich das fragen, hätte ich mir eines besorgt.

d) Womit komm ich unterm Strich besser weg: Falschaussage oder Geständnis?

e) Sie sind ja schlimmer als meine Frau.

f) Ich könnt's Ihnen sagen, aber dann müsste ich Sie umbringen.

Spaß und Freizeit

Wenn der Typ im Kino hinter dir das Ende des Films verrät, weil er es schon im Internet gelesen hat (Vorsicht: Spoiler-Gefahr!)

a) Echt? Bruce Willis ist ein Geist? Und ich sehe tote Menschen. Direkt vor mir! (*The Sixth Sense*)

b) Echt? Das spielt alles in der Gegenwart? Ich sehe plötzlich DEINE Zukunft ganz klar vor Augen: im Krankenhaus! (*The Village*)

c) Echt? Leonardo di Caprio ist eigentlich ein Insasse der Irrenanstalt? Vielleicht kannst du ihm Gesellschaft leisten, wenn ich mit dir fertig bin! (*Shutter Island*)

d) Echt? Der Magier hat einen Zwilling? Schade, dass du keinen hast, sonst könnt ich dir gleich zweimal aufs Maul hauen! (*The Prestige*)

e) Echt? Tom Cruise ist eigentlich im Wachtraum? Wenn ich mit dir fertig bin, wünschst du dir das! (*Vanilla Sky*)

f) Echt? Der Bösewicht liegt die ganze Zeit im Raum? Dafür darfst du dir aussuchen, welche Hand DU dir gleich absägen möchtest. (*Saw*)

g) Echt? Das kleine Mädchen ist eine erwachsene Frau? Also das, was du nie haben wirst, du NERD! (*The Orphan*)

h) Echt? Der Hauptdarsteller hat seine Frau eigentlich selbst umgebracht? Den gefallen würd ich dir nie tun! (*Memento*)

i) Echt? Der Bösewicht hat den Zug entgleisen lassen? Erzähl mir mehr davon, wenn ich dich später auf die S-Bahn-Gleise binde. (*Unbreakable*)

j) Fein – ich kenne jetzt das Ende des Films, und du kennst gleich das Ende deines Abends: Krankenhaus.

k) Und du bist adoptiert! So, jetzt sind wir quitt!

l) Du weißt also endlich, dass es in diesem Internet noch mehr gibt als nur Pornos. Herzlichen Glückwunsch!

Wenn der Typ im Kino hinter dir den ganzen Film durchquatscht

a) Wenn ich einen Kommentator brauche, schalt ich die *Sportschau* ein.

b) Kann man dich mieten? Bei uns zu Hause ist es immer so still.

c) Kann mal jemand den DVD-Audiokommentar ausschalten?

d) Entweder sagst du mir, wo dein AUS-Knopf ist, oder ich drück so lange mit der Faust auf dir rum, bis ich ihn gefunden habe.

e) Scheiße, ich höre wieder Stimmen! Und die sagen mir, dass ich dich in kleine Stücke hacken soll, wenn du nicht die Klappe hältst.

f) Wer applaudiert, wenn ich den Typen hinter mir zum Schweigen bringe?

g) Ich hoffe, die Geräuschkulisse des Films stört dich nicht! Sag Bescheid, dann frag ich, ob die leiser machen können.

h) Wer hätte gedacht, dass in dem Film so 'ne handfeste Prügelszene vorkommt?

Wenn bei deinem Sitznachbarn im Kino das Handy klingelt

a) Und ich dachte schon, ich treffe nie jemanden, der so blöd ist, auf das Jamba-Spar-Abo hereinzufallen.
b) Leute, nicht aufregen! Vielleicht ist es wichtig und sein Arzt sagt ihm, dass er doch keinen Hirntumor hat, sondern einfach von Natur aus saublöd ist.
c) Wenn's deine Mutter ist, sag ihr, dass sie bei ihrer Erziehung total versagt hat.
d) Geh bitte nicht ran! Dein Klingelton passt viel besser zur Szene als der schlechte Soundtrack.
e) Geh bitte ran! Das bin ich, der dir sagen will, dass du dein bescheuertes Handy im Kino ausschalten sollst!
f) Ich bin nicht da!
g) Bitte sag, dass das zum Film gehört.

Wenn dein Sitznachbar im Kino die Armlehnen allein für sich beansprucht

a) Händchen halt ich aber nur an besonders gruseligen Stellen!
b) Können Sie sich als Egomane überhaupt auf die fremden Menschen auf der Leinwand konzentrieren?

c) Auch wenn Ihnen das Prinzip des Teilens fremd zu sein scheint: Ich teile Ihnen jetzt mal mit, dass ein Teil dieser Lehne mir gehört!

d) Kann ich mal kurz Ihre Lehnenkarte sehen?

e) Danke für die weiche Auflage, ohne Ihren wabbeligen Unterarm wäre mir die Lehne echt zu hart.

Wenn der Typ im Kino hinter dir unentwegt seine Füße gegen deine Rückenlehne rammt

a) Ich würd ja gerne mit dem Sitz weiter vorrutschen, aber ich hab meinen Schraubenzieher vergessen.

b) Tauschen wir in der zweiten Hälfte? Ich hab auch meine Schuhe mit den Stahlkappen an!

c) Wenn der Film fertig ist, kann ich die Marke Ihrer Schuhe mit meiner Wirbelsäule erkennen, und wir können uns bei 'ner Talentshow anmelden.

d) Wenn Sie vielleicht die Tritte auf die Actionsequenzen abstimmen könnten? Dann würd ich mich wie im 4D-Kino fühlen.

e) Dein Riverdance-Rhythmus passt wirklich null zum Film!

f) In den Schultern bin ich auch wahnsinnig verspannt. Kommen Sie mit Ihren Füßen so hoch?

g) Okay, »Ich bin ein Trampel« kannst du mittlerweile fehlerfrei im Morsealphabet treten. Jetzt üb schon mal dreimal kurz, dreimal lang, dreimal kurz …

Wenn im Kino jemand zu spät kommt und sich durch deine Reihe quetscht

a) Die ersten zehn Minuten des Films haben acht Millionen Dollar gekostet. Gehst du so mit dem Geld anderer Leute um?

b) Danke, es war mir gerade echt ein bisschen zu spannend!

c) Dein Nerv-Konto wär damit im Dispo. Ab jetzt also Fresse halten!

d) Sollen wir für dich kurz anhalten und das Licht anmachen?

e) Sollen wir zurückspulen oder schaust du dir den Anfang noch mal im Internet an?

f) Gut, dass du noch kommst, die Hauptdarstellerin hat schon ganz traurig geschaut.

g) Ich verrate dir rasch das Ende des Films, dann kannst du gleich wieder gehen und musst dich nicht umständlich hier durchquetschen.

h) Du hast mein Popcorn vergessen – kannst gleich wieder umdrehen!

i) Endlich! Mann, ich hab mir schon Sorgen gemacht!

j) Zum Reise-nach-Jerusalem-Spielen bist du a) zu langsam und b) auf der falschen Veranstaltung!

k) Bete, dass wir uns jetzt nicht auch noch die Armlehne teilen müssen!

l) Geh halt zur Flughafen-Sicherheitskontrolle, wenn Du Sehnsucht nach menschlicher Wärme hast.

m) Ich fühl mich sexuell belästigt!

Wenn dein Sitznachbar im Theater permanent die Nase hochzieht

a) Wenn Sie fest genug ziehen, addiert es sich vielleicht zu ihrer Gehirnmasse. Sie könnten es gebrauchen…

b) Ich würd auch nichts hergeben, was ich so mühevoll über die Jahre angesammelt habe.

c) Wenn Sie genauso kraftvoll drücken, wie Sie ziehen können, schaffen Sie es vielleicht, bis auf die Bühne zu schneuzen.

d) Ich weiß nicht genau, welches Instrument Sie da spielen, aber wir sind im Theater, nicht im Konzert.

e) Ich würde Ihnen ja ein Taschentuch geben, aber ich habe mich gerade in die Vorstellung verliebt, wie ich Ihnen in der Pause mit dem Feuerwehrschlauch die Nebenhöhlen durchspüle.

f) In der Pause will ich auch 'ne Line.

Wenn sich beim Buffet jemand den Teller so volllädt, dass dieser kaum noch zu sehen ist

a) Ach, wir haben nur »All you can eat« gebucht. Ich wusste gar nicht, dass es noch »All you can eat at once« gibt…

b) Vorsicht später am Strand. Ich hab da gestern Tierschützer gesehen, die werfen die gestrandeten Wale wieder ins Meer.

c) Brauchen Sie 'nen Mixer?

d) Wenn Sie sich einen Stuhl ans Buffet stellen, wär's noch einfacher!

e) Na, ein Pfefferminzblättchen hätte da schon noch drauf-
gepasst!

Wenn die Frau neben dir am Buffet exakt das gleiche Kleid anhat wie du

a) Wenn ich Sie später mit dem Rotwein anremple, ist das
ganz sicher keine Absicht!
b) Wenn Sie mich später mit dem Rotwein anrempeln, kratz
ich Ihnen die Augen aus.
c) Wenn Sie jetzt auch noch hübsch wären, könnten wir
beim Zwillingswettbewerb mitmachen.
d) Ich hätte nie gedacht, dass dieses Kleid jemanden so
blass machen kann.
e) Ach, so sieht das Kleid in Größe 42 aus.
f) Okay. Kleid: Check! Jetzt die Unterwäsche …
g) Sie kommen mir irgendwie bekannt vor …!
h) Erwischt. Ja, ich stalke Sie.

Wenn dich die attraktive Frau im Café fragt, ob der Stuhl an deinem Tisch noch frei ist

a) Ja, in dreißig Sekunden. Dann bin ich wieder Single.
b) Wo warst du die letzten Jahre?!
c) Ja, ich will!
d) Stuhl, Sitznachbar und Getränkewahl – alles frei für dich
heute Abend!

e) Der Stuhl leider nicht, aber die linke Seite meines Bettes.

f) Wow, sind Sie immer so direkt?

g) Kommt drauf an: Wenn Sie ihn brauchen, weil an dem Tisch mit Ihrem Freund noch ein Stuhl fehlt, brauche ich den Stuhl leider selbst für meine Freundin. Wenn Sie sich zu mir setzen wollen, hab ich gar keine Freundin.

h) Den brauch ich aber zurück – ich bringe immer meine eigenen Stühle mit ins Cafè.

i) Bitte. Eigentlich sitzt hier ja Jessica Alba, aber Sie sehen darauf bestimmt viel besser aus.

j) Flirten Sie mit mir?

Wenn dich die unattraktive Frau im Café fragt, ob der Stuhl an deinem Tisch noch frei ist

a) Ja, aber auch wirklich nur der Stuhl.

b) Das müssen Sie ihn schon selber fragen.

c) Ja, schon – aber ich fürchte, Sie sind nicht sein Beuteschema.

d) Warum wollen Sie das wissen? Sind Sie von der Stasi?

e) Das ist eine rhetorische Frage, gell?

f) Ne, der ist in Untersuchungshaft und wird demnächst weggesperrt.

g) Eins muss man Ihnen lassen: Sie haben Sinn für Humor!

h) Ich würde gerne meinen Anwalt sprechen, bevor ich diese Frage beantworte.

Wenn dich deine Mitspieler im Fußballverein ignorieren und dir nie den Ball zuspielen

a) Hallo?! Es heißt »Elf Freunde sollt ihr sein« und nicht »Zehn Freunde und ein Depp, der zufällig das gleiche Trikot anhat, sollt ihr sein«!

b) Der Schiri ist Luft – ich nicht!

c) Ich unterscheide mich signifikant von der Eckfahne, auch wenn mein Oberteil die gleiche Farbe hat!

d) Bitte gebt mir nie den Ball – ich hab mich so daran gewöhnt, alles andere würde mich jetzt traumatisieren.

e) Cola, Fanta, Bier? Oder kann ich schon die Schnittchen servieren …?

f) Ich will den Ball nicht – der war ja echt schon bei jedem!

g) Ihr habt recht, gebt mir ja nicht den Ball, der passt heute farblich nicht zu meinen Stutzen.

h) Was rennt ihr denn alle dem Ball hinterher? Ich dachte, wir stehen hier nur ein bisschen auf dem Rasen rum …

i) Danke, dass ihr mich vor den ansteckenden Krankheiten des Balles schützt!

j) Ich will den Ball gar nicht, der stinkt nach Hundekacke!

Wenn dich der verschwitzte Bodybuilder mal wieder schamlos anstarrt, während du auf dem Stepper stehst

a) Wie diese starken, muskulösen Beine wohl von hinten aussehen? Zum Beispiel, wenn Sie weggehen?

b) Trainierst du jetzt auch noch deinen Sehmuskel, oder warum glotzt du so bescheuert?

c) Vorsicht: Wenn dir die Augen vor den Kopf treten, bleibst du vielleicht mit der Hantelstange daran hängen!

d) Dein Hirnmuskel scheint ja noch ziemlich untrainiert zu sein, deshalb können wir es gerne abkürzen: Nein, nicht interessiert!

e) Leider komm ich auf dem Stepper nur sehr schwer vorwärts, aber du kannst meine Bewegungen trotzdem als Flucht interpretieren.

f) Trainierst du hier auch oder kommst du nur durchs Glotzen ins Schwitzen?

g) Was immer du gerade denkst: Ersetze mich durch nichts!

h) Ich würde ja gerne zurückglotzen, um dir zu zeigen, wie das ist, aber so lange kann ich den Würgereiz einfach nicht unterdrücken.

Wenn du feststellst, dass du gerade die attraktive Dame auf dem Stepper wieder schamlos anstarrst

a) Entschuldigung, dass ich dich anstarre, aber ich habe einen Krampf in allen Muskeln und kann außer meinem Mund gerade nichts bewegen.

b) Ich schwitze tatsächlich nur vom Hinschauen, das kannst du gerne als Kompliment nehmen.

c) Ich muss gleich duschen, weil ich dich so anstarre, und du, weil du trainierst. Ich sehe da eine hervorragende Kombinationsmöglichkeit!

d) Jetzt schwitzen wir hier aus unterschiedlichen Gründen. Ich hätte eine Idee, wie wir aus dem gleichen Grund schwitzen könnten.

e) Wenn ich den Stepper neben dir nehme, könnten wir zusammen in den Sonnenuntergang steppen.

f) Wenn ich den Stepper hinter dir nehme, könnte ich dich weiter anglotzen, aber dich würde es nicht stören.

g) Wenn ich den Stepper vor dir nehme, kann ich am Ziel auf dich warten und wir können zusammen duschen.

h) Entschuldige, ich starre nur so, weil das Anabolikum immer so in den Augen brennt.

i) Ich trainiere nur für den neuen Bodybuilder-Triathlon: Glotzen – Schwitzen – Sabbern.

Wenn der verschwitzte Typ im Fitnessstudio vor dir das Gerät ohne Handtuchunterlage benutzt

a) Was drückst du denn so beim Bankdrücken? Nur damit ich einschätzen kann, ob ich dich höflich oder unhöflich darauf hinweise, dass man gefälligst ein Handtuch unterlegt!

b) Okay, deine Schweißprobe für den Drecksautest haben wir, jetzt bitte zur Urinprobe ohne anschließendes Händewaschen!

c) 'Tschuldigung, du hast deinen Schweiß liegen lassen!

d) Bitte sag, dass du zur Putzkolonne gehörst und das Gerät nur feucht abgewischt hast!

e) Bist du nur gegen Handtücher allergisch oder generell gegen Hygiene-Hilfsmittel?

f) Ich kann mich nicht entscheiden: Bin ich froh, dass du wenigstens ne Hose anhast, oder angeekelt, dass du kein Handtuch benutzt?

g) Schwitzt du Sagrotan, oder bist du einfach abartig wider-
   lich?

h) Kannst du mir kurz sagen, welche Geräte du schon alle
   benutzt hast? Nur damit ich nicht die falschen anzünde.

Musterbrief: **Wenn du dein mieses Fitnessstudio
kündigen willst**

Liebe Studiobetreiber,
darf ich Sie mit einem Gedicht erfreuen?

Der Quälkönig

Wer trainiert so spät bei Nacht und Wind?
Es bin ich – mit eurem Trainer, der spinnt.
Er berührt mich ständig störend am Arm.
Es ist ekelhaft schwitzig, es ist ekelhaft warm.

Du nerviger Kunde, dann geh halt mit mir ...
Gefährliche Übungen zeige ich dir.
Manch Schimmel unter der Dusche sich findet,
Dem Studio ist's wurscht, weil der Vertrag dich bindet.

Willst feiner Knabe aus dem Vertrag dich lösen?
Dann wart auf meine Kollegen, die richtig bösen.
Die sind noch dümmer, noch schlechter gelaunt,
Und brüllen dich an im Primatensound.

Trainierender, Trainierender, und siehst du nicht dort,
Quälkönigs Kollegen am düsteren Ort?

»Es stimmt, es stimmt, ich seh es im Schock:
Auf dieses Studio hat keiner mehr Bock.«

Dem Trainierenden grauset's, ich künd'ge geschwind,
Mich glotzt blöd an der Trainer, der spinnt.
Erreich die Freiheit mit Mühe und Not.
Und wünsch allen Fitnesstrainern den Tod!

Fuck you! Goethe

Skurril und bizarr

Wenn du der erste Mensch bist, der einem Außerirdischen begegnet

a) Ja, ich bin der Anführer der Erdlinge. Und ich schenke euch zum Beweis unserer Freundschaft ... Holland.

b) Das ist alles Roland Emmerichs Schuld! Ich fand Aliens schon immer toll!

c) Ich habe mein Handtuch vergessen. Kann ich kurz Ihres haben? (*Per Anhalter durch die Galaxis*)

d) Der König der Erde heißt Stephen Hawking. Und er spricht ungefähr wie Sie.

e) Der König der Erde heißt Chuck Norris. Und auf fliegenden Untertassen stellt er seinen Kaffee ab.

f) Der König der Erde heißt Dieter Bohlen. Und wenn ihr nicht singen könnt und alle so scheiße ausseht, könnt ihr gleich wieder umdrehen.

g) Achtung! Hinter dir! Captain Kirk!

h) Wenn ich jetzt sage: »Nimm mal die Maske ab!«, dann antworte bitte nicht: »Maske? Welche Maske?« (*Loriot*)

i) Wenn du jetzt sagst: »Ich bin dein Vater, Luke«, hast du entweder den Film nicht verstanden oder den Falschen vor dir. (*Star Wars*)

j) Hand aufs Herz: Naddel ist eine von euch, oder?

Wenn du durch eine Zeitreise deinem 15-jährigen Ich begegnest

a) Werd ja nicht erwachsen! Es ist eine Falle!

b) Mathe, Physik, Chemie brauchst du niiiie wieder – ohne Scheiß!

c) Schokoriegel weg, oder ich knall dir eine!

d) Investiere nie – hörst du, NIEMALS – in Aktien oder Ostimmobilien!

e) Nein, das Hover-Skateboard aus *Zurück in die Zukunft* wird es in absehbarer Zeit nicht geben.

f) Ja, es wird vier *Indiana Jones*-Teile geben – und schau dir den vierten bloß nicht an!

g) Wenn in einem Jahr der Schlägertyp aus der Oberstufe deiner Freundin an den Hintern langt, überleg dir gut, ob du wirklich »Make my day!« zu ihm sagen willst.

h) Mein Gott, das T-Shirt hatte ich damals schon?

i) Lass dir nix einreden – Spinat macht nicht groß und stark.

j) Wenn bei deiner ersten Verkehrskontrolle der Polizist vor deinem Autofenster steht, verkneif dir den »Zwei Big Macs und 'ne Cola«-Gag. Auch wenn er in einem sehr lustigen Buch mit spontanen Antworten steht …

k) Bitte raff's: Jede große Pause von den Oberstuflern mit den Kopf in die Toilette getunkt zu werden heißt nicht, »dass man dazugehört«!

l) Wenn dich bei deiner Hochzeit der Pfarrer nach dem Ja-Wort fragt: Lauf!

Wenn du tatsächlich mal Elvis Presley im Aufzug treffen solltest

a) Fuck, ich bin tot!
b) Mist, so hoch wollte ich gar nicht fahren …!
c) Ich hab schon viele gesehen, aber Sie sind wirklich der beste Elvis-Imitator!
d) Hi, ich bin Gott – siehste, das glaubst du mir genauso wenig!
e) Willst du ein Autogramm? Andersrum glaubt's mir eh kein Mensch!

Wenn du tatsächlich mal Harrison Ford im Aufzug treffen solltest

a) Okay, wer hat zuerst geschossen? Sie oder Greedo? (*Star Wars*)
b) Ich liebe Sie! Los, sagen Sie es ! Sagen Sie es! (*Star Wars*)
c) Ich würde mit Ihnen gerne mal über *Indiana Jones 4* und meine dadurch zerstörte Kindheit sprechen.
d) Okay, wie küsst Carry Fisher?

Wenn du tatsächlich mal den Präsidenten von Amerika im Aufzug treffen solltest

a) Ich verrate es auch niemandem: Was genau ist denn nun in der Area 51 versteckt?

b) Kurze Frage: Wer war's bei Kennedy?

c) Hand aufs Herz: Waren die Amis nun auf dem Mond oder nicht?

d) Wären Sie wie bei *Independence Day* auch in der Lage, einen Kampfjet zu steuern?

e) Haben Sie noch Kontakt zu Elvis?

f) Hört die NSA diesen Aufzug ab, oder machen Sie's wie immer über mein Handy?

Wenn du tatsächlich mal Dieter Bohlen im Aufzug treffen solltest

a) Kann Thomas Anders gut küssen?

b) Sag an, Brother Louie, Louie, Louie, welcher Stock?

c) Ich bin Ihr größter Fan, Herr Gottschalk!

d) Ich weiß nicht, was ich unprofessioneller finde: dass du Menderes in den Recall gelassen hast oder dass du mit Naddel zusammen warst.

e) Brauche ich einen Recall-Zettel, um später wieder runterzufahren?

f) Oh, da hab ich mich wohl verfahren. Eigentlich wollte ich mit dem Fahrstuhl in meine Batcave runter, und jetzt lande ich in der Area 51.

g) Wollen Sie auch rauf zum *The Voice*-Casting?

h) Dritter Stock: Niveau und Taktgefühl. Da waren Sie wohl noch nie.

i) Da will man nur zum Parkdeck runter und fährt bis in die Hölle.

Auto und Verkehr

Wenn mal wieder jemand bei Orange auf die Kreuzung gefahren ist und dort dann alles blockiert

a) Sehr gute Idee, eine kurze Pause einzulegen. So über-
   müdet, wie Sie wirken, sollten Sie tatsächlich nicht mehr
   weiterfahren.
b) Toll, dass ich Ihr Auto für längere Zeit von der Seite be-
   trachten kann.
c) Der Nightrider könnte über dich drüberspringen. Mein
   Opel leider nicht.
d) Sind Sie Herzchirurg und wollen am Beispiel des Straßen-
   verkehrs zeigen, wie ein akuter Infarkt aussieht?
e) Lieben Sie diese Kreuzung um diese Jahreszeit auch so
   sehr wie ich? Merkt man.
f) Brauchen Sie Hilfe? Zum Beispiel beim Thema »voraus-
   schauendes Fahren?«

Wenn der gelangweilte Müllmann die komplette Straße blockiert und sich in Zeitlupe bewegt

a) Wenn du noch ein bisschen langsamer machst, ist der
   Müll zu Staub zerfallen, bevor er auf der Halde an-
   kommt!

b) Der halbverweste Rettich in der Biotonne bewegt sich schneller als du!

c) Was ist orange, superintelligent und bewegt sich schneller als das Licht? Nix!

d) Wenn ich mich kurz im Komposthaufen wälze, nimmst du mich dann wahr?

e) Müsst ihr weniger oft laufen, wenn ich in Zukunft auf die Mülltrennung verzichte?

f) Lass dir ruhig Zeit. Das mach ich ja auch, wenn ich dich gleich erwürge.

g) Verständlich – um diese morgendliche Uhrzeit kann ich mich auch nicht richtig bewegen.

Wenn der Taxifahrer das Radio so laut stellt, dass man sein eigenes Wort nicht versteht

a) Entschuldigung, können Sie vielleicht noch ein bisschen lauter machen? Mein linkes Trommelfell will einfach nicht platzen.

b) Können Sie vielleicht noch ein bisschen lauter machen? Ich möchte der erste Mensch sein, der durch Schallwellen stirbt.

c) Entschuldigung, können Sie vielleicht noch ein bisschen lauter machen? Dann kann ich die Stimmen im Kopf nicht mehr hören, die mir sagen, dass ich Ihnen ins Lenkrad greifen soll.

d) Sie sind sicher taub, Sie Arschloch. Oh, etwa nicht?

e) Ach, sind Sie auch Organspender und haben ihr Trommelfell bereits gespendet?

Wenn der Polizist dich fragt, warum du bei Rot über die Ampel gefahren bist

a) Wie soll ich Sie denn sonst kennenlernen?

b) Ich war früher beim Senso-Spielen schon immer der Letzte.

c) Ich dachte, ich fahre in den Sonnenuntergang.

d) Hab ich jemanden verletzt? Vielleicht die Gefühle der Ampel?

e) Ach, manchmal verwechsle ich wirklich die einfachsten Sachen. Zwei Big Macs und 'ne Cola, bitte!

f) Ich wär gern noch bei Gelb drübergekommen, aber die Karre hier fährt leider nur 210.

g) Keine Ahnung, ich hab ja nicht mal 'nen Führerschein.

h) Also, wenn's bei mir schon Rot war, möchte ich gar nicht wissen, bei welcher Farbe Sie dann noch drübergefahren sind.

i) Ampel? Welche Ampel?

j) Wie soll ich denn beim SMS-Tippen auch noch auf die Ampel achten?

Wenn der Polizist dich fragt, ob du was getrunken hast

a) Wieso? Gibt's was zu feiern?

b) Im Ramadan?

c) Höchstens zwei, drei Flaschen Hustensaft.

d) Klar. Zwei bis drei Liter soll man schließlich pro Tag trinken, und ich bin heute tagsüber nicht dazu gekommen.

e) Glauben Sie mir, wenn ich »Jein« sage?

f) Keine Ahnung, ich hab nen totalen Filmriss von heute Abend.

g) Quatsch – Alkohol und LSD vertrag ich nicht zusammen.

h) Bisher in meinem Leben? Oder speziell heute Abend?

i) Mir ist heute gekündigt worden, meine Frau ist mit meinem besten Freund durchgebrannt, und ich hab Hausverbot bei meinen Anonymen Alkoholikern. Nun raten Sie mal…

Wenn der Polizist dich fragt, warum du im Halteverbot parkst

a) Das ist wirklich eine Ausnahme. Normalerweise parke ich nur in Feuerwehrzufahrten.

b) Ich habe krankheitsbedingt ein völlig anderes Zeitempfinden. Für mich stand ich nur eine Sekunde dort. Sind Sie eingeschlafen oder blinzeln Sie nur?

c) Ich dachte, bei dem überteuerten Preis von der Karre sei das inklusive!

d) Das war ein Notfall! Ich bin ein Flying Doctor und konnte meinen Hubschrauber nicht finden.

e) Das war ein Notfall! Ich bin Tierarzt, und um die Ecke ist Krötenwanderung.

f) Die Behindertenparkplätze waren alle schon besetzt.

g) Ich parke nicht, ich such den ersten Gang!

h) Damit sich hier kein anderer hinstellt und gegen die StVo verstößt.

Wenn der Polizist dich fragt, warum du zu schnell gefahren bist

a) Echt? Seit wann ist das hier denn keine Autobahn mehr?

b) Ich wollte den Tacho eichen, damit ich in Zukunft immer exakt nach Vorschrift fahren kann.

c) Ich konnte plötzlich den rechten Fuß nicht mehr bewegen. Vielleicht habe ich einen Schlaganfall!

d) Meine Bremse hat versagt. Der verfluchte Marder!

e) Ich habe einen wichtigen Termin: Mein alter Mathelehrer liegt im Sterben, und ich muss ihm noch sagen, wie sehr ich ihn hasse.

f) Ich habe einen wichtigen Termin: Meine Kumpel stehen allein vor der Bank und warten auf das Fluchtauto.

g) Weil ich Sie abhängen wollte.

h) Ich muss eingeschlafen sein und hab das gar nicht mitbekommen.

i) Weil ich genau diese Frage nicht hören wollte.

j) Ich hab verschlafen und bin zu spät – will meine Kollegen die ganzen Radarfallen ja nicht allein aufbauen lassen.

Wenn der Polizist dich fragt, warum du nicht angeschnallt bist

a) War ich. Aber wenn ich so gutaussehende Männer sehe, muss ich den Gurt lösen, um besser Luft zu bekommen. ♀

b) So, wie ich rase, hilft der Gurt auch nicht mehr.

c) Hilft es was, wenn ich Ihnen verrate, dass ich mich ansonsten ganz gerne mal fesseln lasse?

d) Damit ich schneller aus dem Wagen springen kann, wenn ich in eine Schießerei mit den Bullen komme.

e) Ich bin in der Ausbildung zum Stuntman und muss üben, durch Windschutzscheiben zu fliegen.

f) Als ob Sie nach vier Weizenbier noch an alles denken würden.

g) Bei der letzten Autowäsche ist der Gurt eingelaufen und ist jetzt viel zu kurz.

Wenn der Polizist dich fragt, warum du beim Fahren telefoniert hast

a) Das war kein Handy – ich wollte mich gerade rasieren.

b) Ich habe nur mit meiner Bank telefoniert, dass ich 1000 Euro an die Polizeigewerkschaft spenden will.

c) Das war ein ganz dringender Anruf: Mein Spenderherz ist da!

d) Das war ein dringender Anruf: Ich bin Vater! Von Drillingen!

e) Das war ein dringender Anruf: Ich bin zum Obergerichtshof berufen worden!

f) Ich bin Privatdetektiv und hab Ihrer Frau nur Bescheid gegeben, dass Sie wirklich bei der Arbeit sind.

g) Ich bin noch so lange unterwegs, da hab ich mir den Pizzaservice bestellt.

h) Weil mich keiner hört, wenn ich's einfach nur aus dem Fenster brülle.

Wenn der Polizist dich fragt, warum dein Rücklicht kaputt ist

a) Weil ich Auffahrunfälle mag. So hab ich meine erste Frau kennengelernt.
b) Brauch ich nicht – ich fahr meistens so schnell, dass gar niemand hinter mir ist.
c) Wissen Sie, was das an Strom frisst?
d) Ich hab die Birne an meinen Arbeitskollegen verliehen.
e) Keine Ahnung, die Karre ist frisch geklaut.
f) Das ist nicht kaputt, das ist nur gedimmt.
g) Ich will den Wagen verkaufen und wollte damit von den kaputten Bremsen ablenken.
h) Ist das so? Ich seh die Rückleuchten so selten, wenn ich fahre.

Wenn der Polizist dich fragt, warum dein Blinker kaputt ist

a) Weils niemanden was angeht, wo ich hinfahre.
b) Ich fahr sowieso nur geradeaus.
c) Ich bin wie Lothar Matthäus: Ich kann rechts wie links!
d) Brauch ich nicht, ich halte immer den Arm aus dem Fenster.
e) Ich hab mich schon gewundert, warum ich nicht mehr abbiegen kann …
f) Bei diesem nervigen Tick-Tack-Geräusch kann sich doch keiner aufs Fahren konzentrieren.
g) Ich arbeite für die Regierung. Zeigen Sie mir einen James-Bond-Film, in dem 007 den Blinker setzt.

h) Der ist nicht kaputt. Vielleicht sehen Sie ihn nicht, weil Sie im gleichen Rhythmus blinzeln.

Wenn der Polizist dich fragt, ob du Drogen genommen hast

a) Quatsch. Dann würde ich ja womöglich die ganzen rosa Elefanten im Matrosen-Outfit auf der Straße umfahren.
b) Ja, aber nur, damit sie nicht in Umlauf kommen.
c) Alter, frag lieber, was ich nicht genommen habe.
d) Ich dachte, wir leben in einer Demokratie?
e) Bitte definieren Sie »Drogen«.
f) IchbinMolekularbiologeundtestediereflexbeschleunigendeWirkungvonCystalMethinKombinationmitEcstasyimStraßenverkehr. Wirkt!
g) Anders sind Ihre Fragen ja auch nicht zu ertragen.
h) Na ja, bevor ich sie wegschmeiße…
i) Ja, aber unter uns: Die Wirkung wird echt überschätzt.
j) Ich hab Tourette und gebrauche die Scheißdrogen medikamentös, du Arschkrampe!

Wenn du bei Rot über die Ampel gehst und jemand brüllt: »Tolles Vorbild für die Kinder!«

a) Dann mach halt keine!
b) Kein Problem, ich kann ihnen auch gleich noch zeigen, wie man Crystal Meth verkauft.

c) Gib sie doch ins Heim, wenn sie jetzt kaputt sind.
d) Sorry, ich dachte, bei Kindern von cholerischen Eltern mit Hackfresse und miesem Kleiderstil kann ich nicht mehr viel kaputtmachen.

Wenn vor dir jemand bei Rot über die Ampel geht und du hast deine Kinder dabei (laut und hörbar)

a) Und jetzt alle, Kinder: »Bei Rot läuft der Idiot!«
b) Guckt nicht so hin, Kinder, der Mann ist behindert. Der hat »Blöd im Kopp«.
c) Entschuldigung, können Sie uns das gleich noch mal bei den stromführenden S-Bahn-Gleisen vormachen?
d) Ja, Kinder, der arme Mann will sich umbringen, weil er einen gaaanz kleinen Pillermann hat. ♀
e) Ja, Kinder, die Frau will sich umbringen, weil sie einen dicken Hintern hat. ♂

Wenn der Taxifahrer sich wieder in die zweite Reihe gestellt hat und du nicht aus deiner Parklücke kommst

a) Mich hat so ein Vollidiot eingeparkt und ich komm mit meinem Auto nicht aus der Parklücke. Ein Glück, dass Sie hier gerade stehen und mich fahren können!
b) Stellen Sie sich ruhig Tür an Tür – ich steig sowieso immer durch den Kofferraum ein.

c) Danke, dass Sie sich so schützend neben mein Auto stellen. Dann fährt mir wenigstens niemand den Außenspiegel ab.

d) Ich kann leider nicht so laut hupen, wie ich meinen Unmut kundtun will. Wenn Sie vielleicht mithupen würden?

e) Bitte fahren Sie auf keinen Fall weiter nach vorn, damit ich rauskomme, sonst muss ich zur Arbeit fahren.

Wenn deine Freundin den dritten Beinahe-Unfall verursacht, während du daneben sitzt

a) Wenn du dich trennen willst, muss uns ja nicht gleich die Feuerwehr aus dem Autowrack schneiden.

b) Schatz, im Himmel gibt es keine Handtaschen!

c) Schatz, im Himmel gibt es keine Schuhe!

d) Schatz, im Himmel schau ich den ganzen Tag Fußball!

e) Könntest du dein geschlechterbedingtes Multitasking kurz ausschalten und dich auf unser Überleben konzentrieren?

f) Soll ich weiterfahren? Dann kannst du in aller Ruhe die Landschaft bewundern.

Wenn deine Freundin nicht einparken kann

a) Ach, aber in viel zu kleine Schuhe quetschst du dich problemlos rein!

b) Wenn du so gerne rangierst, warum bist du dann nicht Lokführer geworden?

c) Sehr gut! Wie aus dem Lehrbuch *Einparken in 256 Zügen*.

d) Du verbrauchst beim Einparken mehr Benzin als der Vettel beim großen Preis von Japan.

e) Schatz, hast du Kies im Kofferraum, oder warum fährst du, als hätten wir einen Laster?

Wenn dein Freund nicht einparken kann

a) Auch wenn ihr Männer es nicht hören wollt: Ihr habt auch eine weibliche Seite – wie man gerade feststellen kann.

b) Soll ich dich einwinken oder willst du dich nur vor mir allein zum Trottel machen?

c) Tja, mit dem Abschätzen von Längen habt ihr Männer es eben nicht so …

d) Wenn's dich beruhigt: Ich könnt's auch nicht besser.

e) Tja, wo ist all das Testosteron, wenn man es mal braucht, Schatz?

Wenn dein Beifahrer sagt: »Grüner wird's nicht!«

a) Wetten, doch: Wenn wir noch ein bisschen warten, wird's wieder rot, und nach Goethes Farbenlehre ist Rot komplementär zu Grün und so gesehen die Weiterführung des Farbspektrums. Demnach kann man zumindest im lyrischen Sinne sehr wohl sagen: Es wird noch grüner!

b) Aber lauter: SCHNAUZE!

c) Doch. In drei Sekunden. An deinem linken Auge.

d) Hast du eigentlich kein eigenes Auto?

e) Und dieser Satz wird auch beim tausendsten Mal nicht lustiger!

f) Ein Glück, dass du mir das endlich mal erklärt hast. Ich hab bis heute nie gewusst, wann ich eigentlich losfahren darf.

g) Die Hoffnung stirbt zuletzt.

h) Echt? Verdammt, ich steh jeden Tag um diese Uhrzeit an dieser Ampel und hoffe, dass es mal grüner wird ...

Wenn dich jemand fragt, wo es zum Bahnhof geht

a) In welcher Stadt?

b) Immer den Gleisen nach.

c) Was willste da? Drogen gibt's auch bei mir.

d) Da fährt ein Zug hin, glaub ich.

e) Der ist direkt neben dem Krankenhaus. Wenn du dich von 'nem Auto anfahren lässt, wirst du vom Notarzt also ganz in die Nähe gebracht.

f) Ach, Mist ... den Weg zu mir nach Hause – den hätte ich Ihnen sagen können.

g) Mir doch egal.

h) Sorry, ich hab schon Feierabend.

Wenn dich jemand fragt, ob du weißt, wo man Drogen kaufen kann

a) Ich weiß das jetzt leider nicht, aber bestimmt einer meiner Kollegen auf der Wache. Kommen Sie doch grad mit und fragen da noch mal.

b) In der Drogerie natürlich.

c) Kokain vorne links. Crack am Bahnhof. Heroin am Kiosk da hinten. LSD in der Stadt gar nicht. Ecstasy beim Türsteher drüben. Amphetamine? Weiß ich nicht. Schnüffelstoffe – bist du nicht der Typ für. Marihuana ist Kinderkram. Opium beim Kalle auf'm Straßenstrich. Und Crystal Meth kriegste bei mir. Kann ich sonst noch was für dich tun?

d) Keine Ahnung, aber willst du ein E kaufen …?

e) Da muss ich passen. Ich bin nur Alkoholiker.

f) Heroin gibt's am Bahnhof, gleich neben Uri Gellers Löffelstand.

g) Mich kannste zwar nicht kaufen, aber ich mach auch süchtig!

Wenn dir jemand vor der Nase den Parkplatz wegschnappt

a) Ob das einen Satz neuer Reifen wert war?

b) Lassen Sie sich ruhig Zeit mit dem Einparken – es kann einen Moment dauern, bis mein albanischer Schlägertrupp hier ist.

c) Wissen Sie, wo der Rückwärtsgang ist, oder soll ich es Ihnen zeigen …? Mit Ihrem Kopf?

d) Einparken können Sie ja schon mal ganz gut. Jetzt fehlt nur noch Ausparken, Entschuldigen und Wegfahren.

e) Wenn du nicht weißt, was ein gesetzter Blinker vor einer Parklücke bedeutet, dann erklär ich es dir gerne noch mal, wenn du in meinem Kofferraum liegst.

f) Auch 'ne Form von Selbstmord.

g) Sehr gut, ich meld dich schon mal bei den Paralympics an.

Musterbrief: **Wenn jemand auf deinem Mietparkplatz steht**

Lieber Autofahrer,

herzlich willkommen in unserer lustigen Parkgemeinschaft! Endlich steht mein Auto nicht mehr nutzlos und einsam auf seinem grauen Betongrab, sondern wird dazu benutzt, stundenlang quietschfidel um den Block zu fahren und eine Parklücke zu suchen. Toll! Und das für nur [BETRAG] Euro im Monat. Die zahlt man doch gerne für ein bisschen Stellplatz-Safari im Wohngebiet – wissen Sie was, ich lad Sie darauf ein. Dank Ihnen komm ich jetzt endlich ein wenig rum und versauere mit meinem Auto nicht am immer gleichen Ort. Undenkbar, was ich all die Jahre verpasst habe: die tiefgründigen Gespräche mit den übermotivierten Politessen; die kurzen Momente der Euphorie, wenn man die einzige Lücke seit Stunden findet und sie dann doch vor der Nase weggeschnappt bekommt; die langen Spaziergänge durch verwinkelte Gassen – diese haben mich an vielen Abenden regelrecht reingewaschen, vor allem bei Regen.

Ich danke Ihnen von ganzem Herzen. Wollen Sie vielleicht auch

noch mein Haus besetzen? Da fühle ich mich schon seit Jahren so beengt. Ich könnte Ihnen auch meinen Arbeitsplatz anbieten. Und meine Frau. Ach, nehmen Sie doch einfach mein ganzes Leben und befreien Sie mich von der Last des Materiellen. Sie haben mir die Augen geöffnet – und dafür möchte ich mich revanchieren: Beim nächsten Mal, wenn Sie auf meinem Parkplatz stehen, lasse ich Sie an einen weit entfernten Ort abschleppen. Auf meine Kosten! Genießen Sie die mehrstündige Fahrt in die Prärie. Freuen Sie sich auf den läuternden Gang zur Fahrzeugsammelstelle, als sei es der Jakobsweg des kleinen Mannes. Fühlen Sie sich – wie ich – frei vom Ballast der Mobilität, aber auch vom Ballast mehrer Hundert Euro. Gibt es was Schöneres?

Ich hoffe, ich konnte Sie dazu ermuntern, Ihr bescheidenes Gefährt auch weiterhin hier hinzustellen, und verbleibe mit spirituellen Grüßen

Ihr [NAME]

Wenn an der Kreuzung die Autoscheibenputzer-Mafia kommt

a) Ich werde für diese Dienstleistung, die ich nicht bestellt habe, keinen Cent zahlen. Es steht Ihnen natürlich frei, ganz altruistisch meine Scheibe trotzdem von Schmutz zu befreien, aber stellen Sie bitte danach keine finanziellen Forderungen, sonst müssen das unsere Anwälte klären.

b) Ich schieß auf alles, was ein Fensterleder in der Hand hält!

c) Geh doch mal genauso unaufgefordert auf Jobsuche!

d) Kann ich bitte Ihren Wischausweis sehen?

e) Könnten Sie bitte kurz unterm Auto putzen, bis es grün wird?

f) Gehen Sie vielleicht bei »Ja« weg? Bei »Nein« funktioniert's ja nicht.

g) Du hast mir gestern und vorgestern schon die Scheibe geputzt. Und da war sie noch sauber von vorvorgestern!

h) Und was zahlst du mir dafür, wenn ich dir jetzt unaufgefordert die Schneidezähne ziehe?

Wenn der Kleinwagen vor dir auf der leeren Autobahn mit 80 km/h auf der linken Spur vor sich hin bummelt – brüllt man Folgendes aus dem Fenster oder hält ein Schild mit folgenden Vorschlägen an die Scheibe:

a) Die Engländer würden dich lieben – ich bin aber kein Engländer!

b) Quizfrage: Was behindert den Verkehr und ist kein Kondom?

c) Glückwunsch, dein Auto verträgt die linke Spur – jetzt teste mal die rechte!

d) So viel Platz und so wenig Führerschein.

e) Du bist Stuntfahrer, oder? Du kannst im Rückwärtsgang vorwärts fahren – cool!

f) Wehe, du siehst nicht wenigstens gut aus!

g) Kontaktlinse verloren?

h) Vertrau mir, die Aussicht auf der rechten Spur ist genauso umwerfend!

i) Soll ich schieben?

j) Noch langsamer, und wir rollen zurück.

Wenn im Stau der Typ neben dir ununterbrochen zu dir rüberglotzt

a) Neidisch?

b) Du warst bestimmt schlecht in Mathe, drum erkläre ich es dir gerne: Dein Sympathiewert steigt negativ reziprok zur Dauer deines Glotzens. Vereinfacht: Je länger du mich anglotzt, desto mehr hasse ich dich!

c) Ja, so sehe ich im Stau aus – faszinierend, ich weiß.

d) Ich hoffe, dass du ganz extrem schielst – ansonsten muss ich glauben, dass du mich unverschämt penetrant anglotzt.

e) Jetzt weiß ich endlich, was die Verkehrsnachrichten meinen, wenn sie von »Gaffern« sprechen!

f) Du hast zuerst geblinzelt – verloren!

g) Verdammt, hab ich tatsächlich noch Sperma in den Haaren?

h) Schau genau hin. Schließlich siehst du mich nie wieder!

i) Willst du dir noch meine Füße einprägen, oder reicht dir das so als Wichsvorlage?

j) Also, ich finde dein Gesicht blöd!

k) Gib dir keine Mühe. Damit ich dich ansehe, müsste dein Gesicht schon auf meine Windschutzscheibe gemalt sein, und selbst dann würde ich nach Gehör fahren!

Wenn der Fahrradweg mal wieder von Hundebesitzern beim Gassigehen blockiert wird

a) Ölen Sie mal Ihre Fahrradkette, die bellt!
b) Wer auch immer von euch beiden das Herrchen ist: Ich würde gerne mal vorbei …!
c) MIAU!
d) Lasst euch nicht stören, ich hab ja mit meinem Fahrrad hier wirklich nichts verloren! Es heißt schließlich »Fahrrad Weg« …
e) Danke für meinen privaten Hindernisparkour, mir wurde die Strecke echt schon langweilig.

Wenn dich der aggressive Fahrradfahrer wegklingelt, weil du mit einem Fuß auf dem Radweg warst

a) Klare Fehlentscheidung, Schiri: Mein Fuß war nicht mit vollem Umfang auf dem Radweg!
b) Für die Autobahnpolizei hats wohl nicht gereicht, du Speiche!
c) Bete, dass wir uns niemals treffen, wenn ich im Auto sitze und du auf der Straße fährst.
d) Sehr gut, deine Fahrradklingel funktioniert einwandfrei. Als nächstes testen wir nun die Rahmenstabilität!
e) Sie sind aber musikalisch. Für das nächste Mal wünsche ich mir »Alle meine Entchen« auf der Fahrradklingel.

Wenn sich der Fahrradkurier an der roten Ampel wieder auf deiner Motorhaube abstützt

a) Wollen Sie sich nicht zu mir reinsetzen? Das sieht verdammt unbequem aus wie Sie sich da abstützen müssen.

b) Nur gucken, nicht anfassen!

c) VORSICHT – FRISCH GESTRICHEN! Ach, zu spät …

d) Können wir an der nächsten Ampel wechseln? Da würde sich nämlich gerne mein Vorderreifen auf deiner Hand abstützen.

e) Spitze. Kannst du so bleiben, bis ich am Ziel bin? Mein rechter Seitenairbag ist nämlich defekt.

f) In fünf Sekunden bist du der erste einarmige Fahrradkurier der Stadt.

g) Finger weg, oder mein Auto zeigt dich wegen sexueller Belästigung an.

h) Warte, ich tacker dich kurz an der Motorhaube fest. Ich wollte schon immer 1 PS mehr haben.

i) Gehörst du noch zur Lackveredelung meines Waschprogramms oder hattest du einfach ne schlechte Kinderstube?

j) Bist du etwa die Kühlerfigur, die ich bestellt habe?

k) Willst du oder gibst du Starthilfe?

l) Und? Sind die Stoßdämpfer noch in Ordnung?

Musterbrief: **Wenn du mal wieder ein Zettelchen an deinem Auto hast, weil es jemand ganz dringend kaufen möchte**

Hallo!

Du wolltest mir gerade ein Zettelchen an die Scheibe kleben, auf dem steht, dass du ganz dringend mein Auto kaufen möchtest? Ha! Da war ich wohl schneller! Ich möchte nämlich DICH kaufen! Ja, richtig gelesen: DICH! Denn mein Auto ist leider NICHT zu verkaufen!

Du scheinst ja gesundheitlich recht fit zu sein, wenn du es schaffst, täglich alle Autos in unserem Viertel abzuklappern und mit Zetteln zu bestücken. Wind und Wetter scheinen dir ja auch nichts auszumachen. Deshalb wärst du perfekt geeignet, um an meinem Auto – das übrigens NICHT zum Verkauf steht – als Kühlerfigur zu glänzen.

Wenn ich dich also das nächste Mal an meinem Auto erwische, machen wir eine kleine Probefahrt mit Einstellungsgespräch. Die Gurte, um dich auf der Motorhaube festzuschnallen, habe ich schon im Kofferraum.

Bis bald!
[NAME]

PS: Mein Auto ist NICHT zu verkaufen!

Alltag und
Mitmenschen

Wenn der mp3-Player deines Sitznachbarn in der U-Bahn so laut ist, dass du mithören kannst

a) Kannst du mal vorspulen, an dem Song hab ich mich echt überhört.

b) Da du eh kein Wort hörst von dem, was ich sage, werde ich dich einfach bewusstlos schlagen, damit wir Ruhe haben – sag nix, wenn du damit einverstanden bist, oder nein, falls nicht.

c) Macht Musikhören bei dir überhaupt Sinn? So als Tauber?

d) Bewundernswert, dass du trotz deiner auditiven Behinderung Freude an Musik hast.

e) *Musik nur, wenn sie laut ist* von Grönemeyer kennst du offensichtlich. Und wie sieht's mit *The Sounds of Silence* von Simon & Garfunkel aus?

f) Soll ICH dich nicht einfach anbrüllen? Die menschliche Note ist doch viel persönlicher, als wenn das ein technisches Gerät macht.

g) Wenn du schon Streit suchst, dann hör auch gefälligst zu!

h) Wenn dein Player nur »Laut« und »Aus« kann, dann benutz doch jetzt mal die andere Funktion.

i) Warte, ich drück dir schnell die Ohrstöpsel weiter in den Kopf, dann hörst noch besser und wir weniger.

j) Okay, du kannst wieder leiser machen. Du hast echt alles gegeben, aber die Scheiben wollen einfach nicht bersten.

k) Ich muss die nächste raus. Kommst du mit, damit ich den Song zu Ende hören kann?

l) Was haben deine Kopfhörer, dein Musikgeschmack und deine Erziehung gemeinsam? Sie sind scheiße!

m) Bestrafst du dein Trommelfell oder uns?

Wenn du in der U-Bahn von einem voll arbeitsfähigen Mittzwanziger nach einem Euro angeschnorrt wirst

a) Den Euro überweis ich dir auf dein Bausparkonto.

b) Den Euro brauch ich für Schnaps.

c) Den Euro hab ich grad eben vors Arbeitsamt gelegt. Geh doch mal nachschauen!

d) Nö, aber hast du mal 'nen Job?

e) Nö, aber hast du mal 'nen Businessplan für deine Ich-AG?

f) Nö, aber hast du einen für mich?

g) Kannst du auf 'nen Tausender rausgeben?

h) Ne, mein ganzes Geld hat Griechenland.

i) Wieso? Willst du 'ne Runde Einkaufswagen fahren?

Wenn jemand bei dir eine Zigarette schnorren will

a) Alter, wir leben in den Zweitausendzehnern! Wer raucht denn bitte noch?

b) Leider nein, aber sag bitte Bescheid, wenn du eine hast. Ich vermisse das Passivrauchen so sehr, dass ich täglich meine sauberen Klamotten wasche – einfach um der alten Zeiten willen.

c) Nein, aber um die Ecke wird gerade die Straße neu geteert. Vielleicht kannst du dich da einfach ein paar Minuten dazustellen.

d) Nein, aber darf ich dir kurz die Quittungen für meinen Lungenarzt geben?

e) Ja, Krebs ist wirklich der schönste Tod.

Wenn du am Telefon gefragt wirst: »Stör ich?«

a) Forelle ich?

b) Nein, meine Herztransplantation kann warten.

c) Ich geh immer ans Telefon, wenn's am unpassendsten ist. Das macht mein langweiliges Leben interessanter.

d) Jetzt schon.

e) Ja, denn ich wollte mich vor Langeweile gerade vor den Zug werfen.

f) Quatsch, beim Sex brauch ich immer mal ein Päuschen.

Wenn dich die Umfragentante am Telefon erwischt hat und fragt, ob du mal zwei Minuten Zeit hast?

a) Inklusive der Frage und meiner Gegenfrage? Dann sinds jetzt nämlich nur noch eine Minute dreißig.

b) Wir könnten es auf drei Sekunden reduzieren, wenn Sie mir einfach sagen, was Sie mir verkaufen wollen.

c) Fragen Sie doch meinen Anrufbeantworter, der hat Ihnen genauso viel zu sagen wie ich.

d) Wir können Zeit sparen, indem ich Ihnen einfach die Antworten gebe: Ja, nein, vielleicht, 42. Tschüss!

e) Telefonstreich! Tuuuuuuuuuuuuuuuuuuuuuuut…!

f) Ganz schlecht, ich hab wirklich dolle Kopfschmerzen – sehen Sie, so fühlt sich das an, wenn man als Mann ständig diese Antwort auf so eine Frage bekommt!

Wenn die Lotterie anruft und dich zu deinem Beinahe-Gewinn beglückwünscht

a) Toll! Dann kauf ich mir doch gleich meinen Beinahe-Ferrari und bezieh meine Beinahe-Villa mit Beinahe-Meerblick.

b) Können wir's so machen: Sie überweisen mir schon mal die erste Million und wenn's doch nicht klappt, können Sie die zweite behalten?

c) Ich bin unter Millionen ausgewählt worden? Wahnsinn, das ist mir zuletzt als Spermium passiert!

d) Mein Hauptgewinn ist so gut wie sicher? Wollen Sie meinen Chef anrufen oder muss ich das noch selbst machen?

e) Ich habe gewonnen, ohne überhaupt mitgespielt zu haben? Das ist ja ein regelrechtes Wunder! Haben Sie das mit dem Papst abgeklärt?

f) Warum arbeiten Sie in diesem Callcenter? Waren Sie für die Drückerkolonne zu hässlich?

Musterbrief: **Wenn die Prospektausträger deinen Hinweis am Briefkasten »Bitte keine Werbung« konsequent ignorieren**

Lieber Prospektausträgernix,

wir befinden uns im Jahre [JAHRESZAHL] n. Chr. Ganz Briefkasten-Deutschland ist von überflüssigen Prospekten besetzt ... Ganz Briefkasten-Deutschland? Nein! Ein einem unbeugsamen Prospektehasser gehörender Briefkasten hört nicht auf, den Eindringlingen Widerstand zu leisten. Und das Leben ist nicht leicht für die analphabetischen Prospektausträger, die als Briefkastenbesetzer mit den mobilen Prospektelagern Sackkarreum, Pkwum, Per Pedum und Gepäckträgerum auf der Lauer liegen ...

Aber wie dem guten Obelix schon die Römer egal waren, ist es mir leider ebenfalls völlig egal, ob dein Leben leicht ist oder schwer wie ein Hinkelstein – mit dem ich dir übrigens beim nächsten Mal das Gesicht rasiere, wenn ich einen Prospekt in meinem Briefkasten finden sollte!

Da du als Kind offensichtlich in den Topf mit dem Ignoranztrank gefallen bist, ist die Wahrscheinlichkeit, dass du wie Troubadix am Baum endest, unmenschlich hoch. Nur mit dem Unterschied, dass meine Fesselung FSK 18 sein wird ...!

Wenn du also nicht an deinen eigenen Prospekten erstickt aufgefunden werden willst, mach ab jetzt lieber einen großen Bogen um meinen Briefkasten! Oder lern Harfe spielen ...

In diesem Sinne: Die spinnen, die Prospektausträger!
[NAME]

Wenn der Besitzer des zähnefletschenden Rottweilers sagt: »Der will nur spielen!«

a) Fragt sich nur, was? Totmachen?
b) Das haben sie damals über Hitler auch gesagt.
c) Und was? Die Hunger Games?
d) Weil er denkt, mein Kehlkopf sei ein Ball?
e) Lassen Sie mich raten: Schach ist es nicht …
f) Aber ich nicht.
g) Ich sag's lieber vorher: Ich bin ein ganz schlechter Ver-
   lierer.
h) Das seh ich doch – am Blut an seinen Lefzen …

Wenn der aufdringliche Typ auf deinen Rehpinscher zeigt und fragt: »Beißt der?«

a) Nein, aber er küsst unheimlich gut!
b) Es gibt nur einen Weg, das herauszufinden …
c) Nur, wenn ich das will …
d) Nur, wenn man über ihn spricht.
e) Nur am [aktuellen Wochentag einsetzen].
f) Nur, wenn Sie ihn nach 24 Uhr füttern. (*Gremlins*)
g) Ja, aber SIE bestimmt nicht – mein Hund hat durchaus
   Geschmack!
h) Ja, aber auf eine ganz liebe Art und Weise.
i) Klar. Wohin hätten Sie's denn gerne?

Wenn dich jemand darauf hinweist, dass dein Hund auf den Grünstreifen gekackt hat

a) Danke für den Hinweis. Ich dachte schon, sie wirft.
b) Danke für den Hinweis, jetzt weiß ich wieder, wo bei dem Köter vorn und hinten ist.
c) Na ja, besser als vor Ihre Haustür.
d) Stecken Sie doch ein Fähnchen rein, dann können es alle sehen.
e) Wollen Sie es haben? Wir brauchen es nicht mehr!
f) Ich richt's ihm aus.
g) Nehmen Sie doch eine DNA-Probe für die Kripo.
h) Ich warte, bis es im Winter festgefroren ist, dann kann ich es leichter aufheben.
i) Nicht so laut! Wenn man über ihn in der dritten Person spricht, beißt er sofort!
j) Das ist ihm doch auch peinlich. Müssen Sie es auch noch an die große Glocke hängen?
k) Wenn Sie einen Haufen daneben machen, können Sie gleich beides wegmachen.

Wenn du siehst, dass jemand seinen Hund auf den Grünstreifen kacken lässt und es nicht wegmacht

a) Wenn Ihr Misthaufen fertig ist, sagen Sie kurz Bescheid, damit ich einen Hahn draufsetzen kann.
b) Sie können es sich aussuchen: Nehmen Sie es in einer Tüte mit nach Hause oder in Ihrem Gesicht.

c) Wenn Sie morgen ein brennendes Paket vor Ihrer Haustür finden: Ruhig austreten! Bleibt in der Familie!

d) Scheiße am Schuh durch Scheiße in der Birne!

e) Der Haufen Ihres Hundes hat mehr Anstand als Sie: Er verwest wenigstens!

Musterbrief: **Wenn der Hund deines Nachbarn stundenlang durchbellt**

Liebe/r Herr/Frau [NAME],

ich muss leider ein unangenehmes Thema ansprechen, das mich seit Tagen beschäftigt: Ihr Hund bellt nicht, wenn ich mir meine Socken anziehe. Ich kann es mir auch nicht erklären, aber nachdem ich das Phänomen nun schon einige Zeit beobachtet habe, bin ich mir ganz sicher. Weder beim linken Socken noch beim rechten tut er einen Mucks.

Dabei bellt Ihr [Name des Hundes einfügen] eigentlich sehr zuverlässig, wenn jemand im Treppenhaus vorbeiläuft oder gar bei Ihnen klingelt, wenn die Dame in der Parterrewohnung die Kaffeemaschine anwirft, ich beim Fernseher die Kanäle umschalte oder telefoniere, wenn mir etwas zu Boden fällt oder er glaubt, dass mir etwas zu Boden gefallen sei, wenn ein Vogel auf dem Balkon landet, ein Auto vorbeifährt, ein Motorrad vorbeifährt, ein Fahrrad vorbeifährt, wenn es verdächtig still auf der Straße ist, wenn Sie aus dem Haus gehen, wenn Sie zurückkommen, wenn ich aus dem Haus gehe, wenn ich zurückkomme, außerdem die ganze Zeit dazwischen und nachts immerzu. Nur nicht bei den Socken. Ist das nicht seltsam? Haben Sie schon einmal darüber nachgedacht, mit ihm zum Tierarzt zu gehen? Vielleicht ist es ja was Ernstes. Ich drücke Ihnen und Ihrem kleinen Racker auf jeden Fall die Daumen.

In diesem Sinne verbleibe ich mit jaulenden Grüßen

Ihr [NAME]

Wenn der Postbote fragt, ob du ein Päckchen für deine unsympathischen Nachbarn annehmen kannst

a) Nur, wenn da das Arsen drin ist, das ich für die Vollproleten bestellt habe.
b) Nein, denn wenn ich an deren geöffneter Wohnungstür stehe, bekomme ich den ganzen Tag den Geruch nicht mehr aus den Klamotten.
c) Die sind gestorben. Sie brauchen nie wieder zu klingeln.
d) Tja, die hören das Klingeln nie, wenn sie ihren neuen Kampfhund verprügeln.
e) Nein. Das sind Schläfer, die einen Terroranschlag auf die Hauptpoststelle planen.
f) Ja, gerne – ich wollt eh gerade zum Wertstoffhof.

Wenn dein unsympathischer Nachbar dich fragt, ob du bei ihm die nächsten vier Wochen die Blumen gießen kannst

a) Nein, das verbietet mir meine Religion.
b) Ich bin leider allergisch. Auf dich.

c) Ja klar, ich brauche sowieso noch 'ne Location für meinen Geburtstag.

d) Ja, logo – deine Tagebücher kenne ich nämlich noch nicht.

e) Witzig, dasselbe wollte ich dich gerade fragen.

f) Mist – heißt das, du ziehst gar nicht aus?

g) Da hab ich leider jeden Abend schon was vor.

h) Klar – wenn ich in der Zeit schon deine Unterwäsche trage, kann ich auch mal über die Blumen pinkeln.

Musterbrief: **Wenn dein Nachbar wieder einmal bis in die Puppen Party gemacht hat**

Liebe/r Herr/Frau [NAME],

vielen Dank, dass Sie gestern Abend die lange überfälligen Schallschutzversuche in Ihrer Wohnung durchgeführt haben. Auch mir sind die Konstruktionsfehler der Architekten schon aufgefallen – die dünnen Wände in diesem Haus sind wirklich kaum zu tolerieren. Gibt es denn schon Ergebnisse Ihrer nächtlichen Testphase, oder brauchen Sie noch Daten von mir? Ich kann Ihnen versichern, dass ich wirklich jedes Wort des Liedes [nervigsten LIEDTITEL] verstanden habe, und auch den Witz mit dem Kamel und dem Frosch in Strapsen hat Ihr Mitarbeiter [NAME] kristallklar zu mir rübergebracht. Einzig das mehrstimmige Gegröle gegen [UHRZEIT] Uhr konnte ich nicht hundertprozentig interpretieren. Handelte es sich um einen Limbowettbewerb, oder hat Ihre Freundin einfach ein zweites Mal blankgezogen?
Sehr gut, dass Sie bei der Gelegenheit auch die Isolation meines

Schlafzimmerfensters von Ihrem Balkon aus getestet haben. Wie Sie sicherlich erwartet haben, herrschen dort ebenfalls katastrophale Verhältnisse. Schade, dass ich nicht mitbekommen habe, warum [Name] sich »ausziehn, ausziehn!« sollte – da muss ich wohl trotz allem kurz weggenickt sein.

Ich hoffe, Sie können meine Beobachtungen in Ihren Forschungsbericht aufnehmen, und bin schon gespannt, wie die Hausverwaltung darauf reagiert. Sollte von deren Seite keine Reaktion kommen, schlage ich vor, wir holen bei Ihrem nächsten Testabend gleich die Polizei mit dazu, um die Sachverhalte ordnungsgemäß zu protokollieren und ein valides Ergebnis zu erhalten. Ich nehme an, Sie verfügen über ein ausreichendes Budget für solche etwas aufwendigeren Versuchsanordnungen.

In diesem Sinne verbleibe ich mit den freundlichsten Grüßen Ihr [NAME]

Wenn sich jemand an der Kasse vordrängelt

a) Lauf, Forrest, lauf! (*Forrest Gump*)

b) Vom evolutionären Standpunkt aus sind Sie ein vorbildliches Exemplar unserer Spezies. Ansonsten sind Sie 'ne Arschkrampe.

c) Entschuldigung, hätten Sie die Freundlichkeit, mich vielleicht vorzulassen? Da hat sich so ein Idiot vorgedrängelt.

d) Machen Sie das auch in der Schlange von der Bahnhofsmission?

e) Darf ich Ihnen auch noch die Tüten zum Auto tragen?

Dann wüsste ich gleich, welche Karre ich zerkratzen muss.

f) Mein Fehler – dass ich auch immer das Reißverschluss-verfahren vergesse …

Wenn der Typ an der Käsetheke vor dir sich stundenlang nicht entscheiden kann

a) Mann, es ist nur KÄSE!

b) Wenn Sie noch länger aussuchen, hat auch der Emmentaler Schimmel.

c) Wenn Sie ganz sicher sein wollen, sollten Sie auch das für den Käse verantwortliche Schaf nach seiner Meinung fragen.

d) Wenn Sie den Käse so langsam essen, wie Sie ihn aussuchen, müssen Sie ein sehr hungriger Mensch sein.

e) Wollen Sie vielleicht das Publikum befragen?

f) Okay, bei mir hat sich's jetzt erledigt, ich brauch mittlerweile Zutaten fürs Abendessen.

g) Ich brauch gar keinen Käse, ich will nur sehen, wie's ausgeht.

Wenn der Typ im Supermarkt dir mit seinem Wagen zum dritten Mal in die Hacken fährt

a) Ich geb Ihnen Bescheid, wenn die Fersenbändchen durch sind, ja?

b) Sie können ja nichts für Ihre Behinderung, aber für Normal-sehende sind alle Objekte 25 Prozent weiter weg.

c) Soll ich mich hinlegen? Dann kommen Sie leichter drüber.

d) Darf ich dasselbe draußen auf dem Parkplatz mit Ihrem Auto machen?

e) Eine Reinemachefrau bitte in Gang zwei. Da blutet jemand aus den Knöcheln!

f) Ein Leichenbestatter bitte in Gang zwei. Da liegt gleich jemand unter seinem Einkaufswagen.

g) Glückwunsch, das waren jetzt schon fünfzig Punkte. Wenn Sie mir ein Knie brechen, knacken Sie sogar den Jackpot!

h) Mehr hast du nicht drauf? Ich blute ja noch nicht mal!

i) Sie können mich richtig gut motivieren! Wollen Sie nächste Woche beim Stadtmarathon hinter mir herfahren?

j) Wenn Sie mich schieben wollen, kann ich mich gleich bei Ihnen in den Kindersitz hocken.

k) Danke, dass Sie mich wecken, ich bin wohl schon wieder in den Supermarkt geschlafwandelt.

Wenn jemand an der Supermarktkasse vorgelassen werden will, der nur einen Artikel hat

a) Mit nur einer Patrone im Revolver kann man auch jemanden töten.

b) Dadurch hat die Kassiererin auch nicht früher Feierabend.

c) Hinter mir wär mir lieber, dann kann ich in Ruhe meine Sachen einräumen.

d) Wenn Sie dafür meine Rechnung übernehmen.

e) Das haben die Dinosaurier auf der Arche auch gemacht, und Sie sehen ja, wo das hingeführt hat.

Wenn jemand an der Kasse vor dir ewig braucht, weil er auf den Cent genau bezahlen will

a) Wenn Sie es noch kleiner brauchen, hol ich schnell die Kreissäge!

b) Ach wenn doch bloß das Wechselgeld schon erfunden wär!

c) Wenn Sie Kaufladen spielen wollen, warten Sie bitte, bis die Kinder von der Schule zu Hause sind.

d) Entschuldigung, Graf Zahl, die Sesamstraße ist zwei Blocks weiter!

e) Wenn Sie allen zeigen wollen, wie viel Geld Sie haben, wär ein Kontoauszug praktischer!

f) Wenn Ihnen Ihr Geldbeutel zu schwer ist, lassen Sie ihn doch zu Hause!

g) Wenn Sie mehr Zeit mit der Kassiererin verbringen wollen, fragen Sie sie doch einfach nach der Telefonnummer.

h) Ihre EC-Karte könnte das, was Sie da tun, doppelt so schnell!

i) Nehmen Sie sich bei größeren Anschaffungen eigentlich extra frei?

j) Gerade 'nen Straßenmusiker überfallen?

k) Gerade 'nen Kaugummiautomaten aufgebrochen?

Wenn die Supermarktkassiererin fragt, ob sie mal in deine Handtasche schauen darf

a) Da ist nur der Kopf Ihrer neugierigen Kollegin drin.
b) Nur, wenn ich mal in Ihre Bluse schauen darf.
c) Sie können es ruhig sagen, wenn Sie mal was anfassen wollen, was Sie sich nie werden leisten können.
d) Noch besser: Ich greif mir was aus Ihrer Handtasche, und wir wichteln.
e) Aber dann entdecken Sie ja alle geklauten Artikel!
f) Wenn Sie das verkraften … Die hat immerhin mehr Inhalt als Ihr Kopf.
g) Nein, die ist sehr schüchtern.
h) Na toll, das sollte eigentlich Ihre Geburtstagsüberraschung werden …

Wenn jemand vor dir rülpst

a) Danke. Spart den Strom beim Fön.
b) Leberwurst mit … hmmm … ich komm nicht drauf. Kann ichs noch mal riechen?
c) Ich könnt die zweite Stimme dazu furzen, und wir reisen damit über die Jahrmärkte der Welt!
d) Schöner hätt ichs nicht kotzen können.
e) Das hat mich wirklich tief berührt.
f) Ich könnte dir stundenlang zuhören.
g) Ich bin ein großer Bewunderer deiner Rhetorik.
h) In English please, I don't speak pork.

Wenn dein Gegenüber eine sehr feuchte Aussprache hat

a) Du spuckst mir ins Auge und blendest mich, schwarzer Ritter! (*Die Ritter der Kokosnuss*)

b) Magst du vielleicht ein erfrischendes Süßgetränk zu dir nehmen, um deinen oralen Flüssigkeitsverlust zu kompensieren?

c) Wenn du in beide Augen gleichzeitig triffst, verdoppelt das deine Punktzahl!

d) Es sieht wirklich nur so aus, als ob ich weine.

e) Wenn du Körperflüssigkeiten austauschen willst, können wir auch gerne knutschen.

f) Wenn du jetzt noch sagst: »Nu aber raus aus den nassen Klamotten«, knall ich dir eine!

g) Reden ist feucht, Schweigen ist Gold.

h) Jetzt hol aber auch das Stofftaschentuch raus und wisch mir den Schmutz aus dem Gesicht. Die Spucke ist schon drauf.

i) Mit dir würde ich mich mal gerne unter Wasser unterhalten.

j) Ich werd immer ganz feucht, wenn du sprichst – seltsamer Weise turnt mich das aber überhaupt nicht an.

Wenn deinem Gegenüber der Hosenlatz offen steht

a) Na, ist Alice schon ins Kaninchenloch gefallen?

b) Ganz schön viele Muränen am Riff!

c) Soll ich mal streicheln, oder warum ist der Hamsterkäfig offen?

d) Kannst wieder zumachen, ich hab meine Tage.

e) Kannst wieder zumachen, ich bin nicht schwul.

f) Immer gut durchlüften, sonst schimmelt's!

g) Wann war denn die letzte Raubtierfütterung?

h) Ich spanne ja echt mal gern durch den Türspion, aber das geht zu weit.

i) Erwartest du Besuch durch die Katzenklappe?

Wenn du darauf hingewiesen wirst, dass dir selbst der Hosenlatz offen steht

a) Entschuldigung, wo schauen Sie denn hin? Sie Sexmonster!

b) Wenn du trockenes Brot dabei hast, darfst du ihn füttern.

c) Verflucht, letzte Woche hat er schon gelernt, Türen aufzumachen. Und jetzt auch noch das!

d) Mist, er muss hier irgendwo sein. Bitte nicht drauftreten!

e) Ja, heute ist Tag der offenen Tür.

f) Ach, das kann man schließen?

g) Dafür hab ich dir auf die Brüste gestarrt, ätsch.

h) Bilde dir nix drauf ein.

i) Tote müssen belüftet werden!

Wenn jemand mit vollem Mund spricht

a) Entschuldigung, alles nach »Bampf« hab ich nicht mehr verstanden.

b) Sprachen Sie gerade von Tischmanieren?

c) Ach, haben Sie auch das Buch *Zeit sparen und zwei Dinge gleichzeitig machen* gelesen? Ich mach inzwischen ja die Steuererklärung beim Autofahren.

d) Können Sie dabei auch noch jonglieren? Das wär zirkusreif!

e) Streicheln Sie mit Ihrer Zunge das Essen oder üben Sie Gurgeln mit Feststoffen?

Wenn jemand mit offenem Mund kaut

a) Ja, so ein Nahrungsbrei will ja atmen.

b) Oh, das sieht lecker aus. Ich hätte gerne das Gleiche.

c) Schmeckt es so gut, wie es aussieht?

d) Ich hab mal gelesen: Bei Kühen kann man an der Mimik nicht erkennen, ob sie das Wetter mögen. Bei Schweinen schon. Ich weiß aber echt nicht, was das mit dir zu tun hat.

e) Wusstest du, dass Menschen und Schweine die einzigen Lebewesen sind, die einen Sonnenbrand bekommen können? Ich weiß aber echt nicht, was das mit dir zu tun hat.

f) Fun Fact: In Frankreich ist es verboten, ein Schwein Napoleon zu nennen. Ich weiß aber echt nicht, was das mit dir zu tun hat.

g) Dir beim Essen zuzuschauen ist wie bei einem Unfall nicht wegsehen zu können.

Wenn jemand vor dir in der Nase bohrt

a) Nach was bohrst du? Hirn kann's ja nicht sein …
b) Den anderen Finger ins zweite Nasenloch, und dann die Luft anhalten!
c) Das geht noch tiefer! Kann ja nicht viel Widerstand im oberen Bereich sein …
d) Das sieht aber sexy aus. Wird bestimmt ein Trend draus!
e) Ich kann dich gern mal anrufen, wenn du dein Handy suchst.
f) Ist dir kalt am Finger?
g) Cool, du kannst Gebärdensprache. Das ist ein »i« für »igitt«, richtig?
h) Jetzt noch pupsen und rülpsen, und ich überreiche dir die Ehrenurkunde im Ekel-Triathlon!
i) Kann ja sein, dass dein Auge juckt, aber durch die Nase ist echt ein Umweg.
j) Wo ist eine vorübergehende Spontanerblindung, wenn man sie mal braucht?

Wenn es plötzlich im Raum verdächtig riecht

a) Ach, Leute, wer hat denn den Iltis aus dem Käfig gelassen?
b) Meine Güte, wer verwest denn da innerlich?
c) Ahh, das reinigt die Nebenhöhlen. Wenn nur das Brennen in den Augen nicht wär!
d) Ich bin Bauchredner und das ist meine »Taubstummer Iltis«-Nummer.
e) Ich vertrag das E10 einfach nicht.

Wenn dein Gegenüber rot wird

a) Soll ich die Feuerwehr rufen?
b) Wirds auch irgendwann mal grün?
c) Soll ich dich löschen oder lieber warten, bist du knusprig bist?
d) Auch wenn du bettelst, ich mess dir kein Fieber!
e) Als Nächstes wünsche ich mir gelb.
f) Pumuckl … rote Zora … Darth Maul … ich komm nicht drauf.
g) Für Hulk musst du noch ein bisschen üben.

Wenn jemand in der Öffentlichkeit irgendwo hinpinkelt

a) Oh mein Gott, ich vermisse die Loveparade auch!
b) Ja, hat er feiiiin gemacht! Hauptsache nicht mehr auf den Teppich!
c) Waren die Windeln schon wieder voll?
d) Strullst du hier einfach mitten in die Stadt oder ist dein Haus gerade von einem Tornado weggepustet worden?
e) Übst du schon für Karneval?
f) Übst du für zu Hause?
g) Ich bring gerne noch ein paar Comics vorbei – oder musst du nur klein?
h) Also, deine Nieren funktionieren einwandfrei; lass als Nächstes doch mal deine Hirnfunktionen überprüfen.
i) Bewundernswert! Ich könnte das nicht! Da muss wohl meine Erziehung versagt haben.

Wenn dir jemand am Pissoir aufs Genital glotzt

a) Na, brauchst du einen Zollstock?
b) Ja, DAS sind zwanzig Zentimeter!
c) Streicheln kostet extra!
d) Liegt da ein Euro neben meinem Fuß oder haben wir gleich ein Problem?
e) Wenn du die Strahlen kreuzen willst, sag's einfach! (*Ghost Busters*)
f) Ja, ich kann mich auch kaum sattsehen!
g) Fotos gibt's draußen an der Kasse.
h) Ja, so sieht das Ding ohne Geschlechtskrankheiten aus.
i) Bis nächste Woche hab ich ihm sprechen beigebracht, dann lohnt sich's richtig.
j) So schaut ihn deine Freundin auch immer an.
k) Die erste Minute ist kostenlos, ab dann wird im Sekundentakt abgerechnet.

Wenn jemand an die Toilettentür klopft und fragt: »Dauert's noch lange?«

a) Kann man sich denn nirgendwo mehr in Ruhe Heroin spritzen?
b) Ach, jetzt haben Sie mich rausgebracht, und ich muss noch mal von vorn anfangen!
c) Machen Sie bitte einen Termin bei meiner Sekretärin!
d) Hol doch die Klo-Polizei!
e) Noch ein Tauchgang, dann bin ich fertig!

Wenn jemand stundenlang die Toilette besetzt

a) Wird's ein Junge oder ein Mädchen?
b) Brauchst du Hilfe beim Tapezieren?
c) Bist du mit der Bibel bald durch oder soll ich dir noch *Krieg und Frieden* reinreichen?
d) Hast du dir den Wecker gestellt oder soll ich dich einfach zum Frühstück wecken?
e) Der Notarzt ist auf dem Weg! Halt durch!
f) Hör auf, dich auf die Lauer zu legen! Die WC-Ente gibt's nicht!

Wenn in der öffentlichen Toilette neben dir jemand furzt, dass sich die Balken biegen

a) Könnten Sie noch einmal den Refrain spielen? Ich komm gleich auf das Lied ...
b) Entschuldigung, ich spreche Ihre Sprache nicht. Können Sie vielleicht Englisch?
c) So, die Blaskapelle ist schon mal da. Fehlt nur noch der Silbereisen, und der Musikantenstadl kann losgehen!
d) Auf die Bohnensuppe hätte ich auch nicht verzichten wollen, aber hätten Sie nicht wenigstens den Eimer Pflaumenmus weglassen können?
e) Haben Sie einen Rasenmäher da drin oder wird auf Sie geschossen?

Wenn dich jemand fragt, ob du wüsstest, wie das Wetter wird

a) Wollen Sie das Sparpaket inklusive Vorhersage der Lotto-zahlen und Ihrer persönlichen Lebenserwartung oder nur das Basisangebot mit dem Wetter von morgen?

b) Ja, ich bin Petrus – was hat mich verraten?

c) Wieso? Schlechtes Gewissen, weil du nicht aufgegessen hast?

d) So wie heute oder anders, und wenn du's genauer wissen willst, frag mich morgen noch mal.

e) Ach Mist, ich saß vorhin noch mit Petrus zusammen und hab völlig vergessen zu fragen.

f) Also, die Uhrzeit hätte ich …

Wenn der Apple-Jünger dich pikiert fragt, warum du kein iPhone hast

a) Ich bin schon bei Scientology. Zwei Sekten sind mir zu-viel!

b) Es kommt noch schlimmer: Ich rasiere mich sogar noch nass.

c) Will ich so enden wie Steve Jobs?

d) Weil mein Pimmel groß genug ist.

e) Ich steh auf Randgruppen.

f) Weil ich zwischen dem Akkuladen auch mal telefonieren möchte.

**Wenn du dir beim Händewaschen auf dem WC
die Hose komplett nassgespritzt hast und anschließend
zurück ins Lokal musst**

a) Ich bin Psychologe und würde gerne meinen Tinten-
   kleckstest mit dir machen. Was erkennst du in dem Fleck
   auf meiner Hose?
b) Praktisch, diese neue Intimpflege-Anwendung auf dem
   WC hier. Aber auch ein bisschen gewöhnungsbedürf-
   tig.
c) Abgefahren, da war gerade 'ne Wasserbombenschlacht
   auf dem WC.
d) Ja, es ist genau das, wonach es aussieht – ich habe mir …
   die Hände gewaschen!
e) Mein Gott, das ist ja der reinste Darkroom da drinnen.
f) Ich kann einfach an keinem tropfenden Wasserhahn vor-
   beigehen, ohne ihn zu reparieren.
g) Es war zwar schön auf der Toilette, aber das sind wirklich
   keine Glückstropfen!
h) Auch wenn es so aussieht, als ob ich am Pissoir eine Runde
   Urin-Squash gegen mich selbst gespielt hätte – es ist nur
   Wasser!

**Wenn du das Parfüm deiner WG-Mitbewohnerin benutzt,
während sie ins Bad kommt**

a) Was soll ich denn machen? Ich hab schon dein Duschgel
   und dein Deo benutzt, und es soll doch alles zusammenpassen, oder?

b) Ich geh heute auf eine Bad Taste Party und da muss ich einfach auch mottogetreu riechen.

c) Ich habe eine gute und eine schlechte Nachricht: Die schlechte: Dein Parfüm ist alle. Die Gute: An dir riecht's besser!

d) Das tue ich nur für dich. Ich versuche herauszukriegen, ob deine schlechte Haut eine allergische Reaktion auf dein Parfüm ist.

e) Okay, das Parfüm-Geheimnis hast du entdeckt. Aber warum ich vor fünf Minuten deinen Ladyshaver mit Sagrotan abgespült habe, willst du lieber nicht wissen.

f) Ich versuche nur, mich in dich hineinzuversetzen, um besser zu verstehen, warum du dein dreckiges Geschirr ständig stehen lässt.

Musterbrief: **Wenn du feststellst, dass sich Leute trotz schriftlicher Aufforderung auf dem Klo beim Pinkeln nicht setzen**

Lieber Herr Stehpinkler,

leider müssen wir Ihnen mitteilen, dass Sie sich für die Teilnahme bei den nächsten Paralympics in der Kategorie »Aqua-Zielen der Gehirnamputierten« nicht qualifizieren konnten.

So sehr wir Ihre Fortschritte in den letzten Wochen von allen Ecken des Raumes bis zum Deckelrand hin bewundert haben, reicht es doch leider nicht für die großen Spiele. Zu viele Tropfen gehen daneben, und Sie hätten gegen die in diesem Jahr sehr starken Finnen und Engländer leider nicht die geringste Chance.

Unser Ratschlag: Setzen Sie sich doch mal AUF die Schüssel und trainieren Sie für die Kategorie »Dauerkloblockierung der Ego-schweine«. In dieser Hinsicht herrscht im Camp noch Bedarf, und unsere Kapazitäten sind noch nicht ganz erschöpft. Wer weiß, vielleicht erweisen Sie sich ja als Naturtalent.

In der Hoffnung, Ihre feuchten olympischen Träume nicht ganz zerstört zu haben, verbleiben wir mit den sportlichsten Grüßen Ihr Paralympics-Komitee

Wenn es jemand wagt, immer noch die Redewendung »zum Bleistift« zu verwenden

a) Hast du gerade wirklich »zum Bleistift« gesagt? Na, herz-lichen Glühstrumpf, das kann ja Eiter werden mit dir, an und Pfirsich hab ich ja nichts gegen dich, aber das kann doch nicht Warstein, dass das heute wirklich noch jemand sagt, und Lars but not Lisa ist das einfach nicht witzig, und auch wenn du denkst, das kann ja Jever sagen, sag ich dir: Klingonisch ist aber so! Das tu ich mir nicht an, also bis Baldrian, man sieht sich, Tschüssikoffski!

b) Reh-Torik ist keine Hirschart!

c) Warum gibt es eigentlich immer noch kein Gesetz gegen euch?!

d) Vergewaltigung ist kein Kavaliersdelikt, Freundchen! Und meine Ohren fühlen sich gerade ganz schön gefickt von dir.

e) Kann man Anstiftung zum Fremdschämen eigentlich zur Anzeige bringen?!

f) Deine Spezies ist Gott sei Dank vom Aussterben bedroht.

Wenn es jemand wagt, immer noch die Redewendung »Ich geh mal die Riesenpython würgen« zu verwenden

a) Kann ich mitkommen? Ich bin Zoologe und würde mir dieses beeindruckende Schauspiel gern mit ansehen.

b) Wieso? Was kann die denn für deine beschissenen Redewendungen?

c) Witzig, das Gleiche wollte ich gerade mit ihrem Besitzer machen!

d) Jetzt weiß deine Kaulquappe da unten wenigstens, was sie mal werden soll, wenn sie groß ist.

e) Ist das für deinen Streichelzoo da unten nicht etwas übertrieben?

f) Und was machst du auf der Toilette?

g) Ist sie schon geschlüpft? Aus den winzigen Eiern?

Wenn es jemand wagt, immer noch die Redewendung »Ich geh mal für kleine Mädchen« zu verwenden

a) Okay, ich geh so lange für immer!

b) Aber bitte trotzdem hinsetzen!

c) Warum klingt's bei dir dann immer nach großer Elefantenkuh?

d) Aber komm bitte mit erwachsener Rhetorik zurück.

e) Ah, du gehst brunzen?!! Okay.

f) Wieso, hast du 'ne Pinkel-Patenschaft übernommen?!

g) Gute Idee, die spielen im Bad bestimmt gerade alle mit dem Königstiger.

Familie und Freunde

Wenn deine Eltern mal wieder fragen, warum du immer noch solo bist

a) Was kann ich dafür, wenn ihr so Scheißgene habt?
b) Ich bin nicht solo, ich bin anspruchsvoll.
c) Natürlich war die Richtige schon dabei. Jedes Wochenende!
d) Weil ich schüchtern, hässlich und doof bin. Gute Arbeit, ihr beiden!
e) Ihr habt gewissenhaft und voller Aufopferung alles getan, um mir ein abschreckendes Beispiel zu geben.
f) Dafür bin ich schon mehrfacher Vater, liebe Großeltern!
g) Weil ich immer noch Sex haben will.

Wenn deine Mutter tatsächlich den »1x Abwaschen«-Gutschein vom letzten Muttertag einlösen will

a) Ich dachte, wir einigen uns auf das gleiche Prinzip wie bei der Staatsverschuldung und es handelt sich bei dem Gutschein nur um wertloses Papier, das von Jahr zu Jahr erweitert wird.
b) Wir sollten warten, bis die Ergebnisse meines Allergie-

testes zurück sind. Wenn ich auf Spüli reagiere, hast du dein eigen Fleisch und Blut auf dem Gewissen.

c) Wie sehr musst du mich hassen, Mama?

d) Ach, das ist wahrscheinlich eine Fälschung aus dem Internet. Du sollst doch keine Anhänge anklicken!

e) Leider ist durch inflationäres Verhalten die Gutscheinblase geplatzt. Dieser Wisch ist auf dem Markt nicht mal mehr ein Spülmaschine-Ausräumen wert!

Wenn du am Festnetztelefon gefragt wirst: »Wo bist du gerade?«

a) Hinter dir! Buh!

b) Schau mal nach oben! Ich habe doch tatsächlich einen Flug zur internationalen Raumstation gewonnen.

c) In der Zukunft, wo man schon erfunden hat, seinen Festnetzanschluss überallhin mitzunehmen.

d) Ich steh direkt vor dir – unsichtbar …

e) Der Raum sieht genauso aus wie mein Wohnzimmer. Ich kann mich aber auch täuschen.

f) Verdammt – ich hatte gehofft, das könntest du mir sagen.

g) Berechtigte Frage. Schließlich könntest du mit einem Terminator T-800 sprechen, der meine Stimme imitiert, und ich selbst sitze gerade im Delorean mit Fluxkompensator und reise zurück in die Zukunft.

Wenn nach der Hausparty zu deinem 18. Geburtstag der Weinkeller leer, das Mobiliar ruiniert und der Teppich zerfetzt ist

a) Das müssen Einbrecher gewesen sein, und meine Freunde waren nur rein zufällig betrunken und in der Nähe, als ich es entdeckt habe.

b) Es ist wirklich kaum zu glauben, aber alles fing damit an, dass dieses Bild schief hing.

c) Ich bin so froh, dass ihr wieder da seid! Diese Waschbärenfamilie kommt jede Nacht!

d) Hat euch die Einrichtung etwa gefallen?

e) Aber das gehört doch alles zu meinem Geburtstagsgeschenk. Ich hab von meinen Freunden 'ne Hausratversicherung geschenkt bekommen.

Wenn deine Mutter dir streng hinterherruft: »Du bist um zwölf wieder da!«

a) Na klar, ich will das Mittagessen ja nicht verpassen.

b) Kein Problem, Mama, ich geh gerne aus dem Kino, bevor der Film zu Ende ist!

c) Kein Problem, Mama, ich verlass gerne die Geburtstagsfeier, bevor das Geburtstagskind die Kerzen auspustet!

d) Also dann, wenn die Stimmung auf dem Siedepunkt ist, alle tanzen und ich wahrscheinlich kurz davor bin, meine erste große Liebe zu küssen? Gerne.

e) Du musst zur Geisterstunde allein keine Angst haben, Mama – es gibt keine Geister!

f) Mitteleuropäische Zeit oder Neufundland Standard Time?

g) Hand aufs Herz, Mama: Wäre ich heute hier, wenn du dich früher immer daran gehalten hättest?

h) Aber mit wem ist egal, oder?

i) Aber mit wie viel Promille ist egal, oder?

j) Zählt es auch, wenn ihr mich gegen zwölf auf der Polizeiwache abholen müsst?

k) Ach komm, Mama, nutz deinen freien Abend doch mal richtig aus.

Wenn du ungefragt den Wagen deiner Eltern genommen und eine Beule reingefahren hast

a) Das ist jetzt in, Papa. Jeans trägt man auch zerrissen und mit Löchern.

b) Dabei hab ich's gut gemeint! Ich hab den Wagen nur genommen, um mich nicht wieder dermaßen betrinken zu müssen.

c) Es heißt doch immer, in der Jugend soll man sich die Hörner abstoßen. Jetzt war es halt die Stoßstange.

d) Die Jugend rückt nach, Papa. Was du in zehn Jahren nicht geschafft hast, hab ich nach wenigen Monaten Führerschein geschafft.

e) Ich wollte dir doch nur beim Spritsparen helfen, Papa. Der Wagen hat jetzt nämlich viel weniger Luftwiderstand.

Wenn deine Eltern dich beim heimlichen Rauchen auf dem Balkon erwischen

a) Was denn? Ihr wollt doch immer, dass ich mehr an der frischen Luft bin.

b) Jetzt wo die Fronten geklärt sind – wie wär's, wenn wir diese Friedenspfeife zusammen rauchen?

c) Habt ihr eigentlich noch »1x Abwaschen«-Gutscheine übrig? Ansonsten stelle ich euch gerne hundert neue aus.

d) Ich will später Bundeskanzler wie Helmut Schmidt werden und übe schon mal.

e) Ich trainiere nur fürs Passivrauchen!

f) Das ist eine neue Zigarettenmarke, und ich hab mich als Betatester gemeldet, um mein Taschengeld aufzubessern, weil ihr mir so wenig gebt.

Wenn du nach einwöchiger Ermahnung dein Zimmer immer noch nicht aufgeräumt hast

a) Wieso stört die Unordnung eigentlich EUCH? ICH bin doch der Leidtragende, der darin leben muss!

b) Also der Tsunami, der mir hier gerade entgegenbläst, steht in keinem Verhältnis zum Erdbeben in meinem Zimmer.

c) Hallo? Ich lerne! Wir schreiben morgen 'ne Physikarbeit zum Thema »Chaostheorie«!

d) Ich hab doch schon angefangen! Die Regale und Schränke sind aufgeräumt und leer, darum liegt das ganze Zeug ja auf dem Boden.

e) Rome wasn't built in a day!

f) Ich war die Woche über doch kaum in meinem Zimmer, weil's da gerade so ungemütlich ist.

Wenn du beim Ignorieren deines Hausarrests erwischt wirst

a) Bitte bedenkt beim Strafmaß, dass ich noch minderjährig bin!

b) Bitte bedenkt beim Strafmaß, dass ich nur raus bin, um Geschenke für euch einzukaufen!

c) Mama, Papa, ihr wisst schon, dass ich Schlafwandler bin, oder?

d) Super – Typen, die aus Alcatraz geflohen sind, sind Legenden und werden gefeiert. Wo bleibt bitte meine Anerkennung?

e) Ach so, da muss ich was falsch verstanden haben. Ich dachte, der Hausarrest wäre auf Bewährung ausgesetzt…

Wenn dein Vater dich fragt, ob du mit ihm ins Fußballstadion kommen willst, du aber keine Lust hast

a) Papa, ich bin's – deine Tochter!

b) Eineinhalb Stunden mit albernem Fanschal in der Kälte inmitten betrunkener Fußballproleten stehen? Willst du Zeit mit mir verbringen oder mich bestrafen?

c) Hab ich nicht noch von irgendwann Hausarrest abzusitzen?

d) Geht leider nicht, ich hab Stadionverbot – oder ich werde zumindest dafür sorgen, dass ich es bekomme!

e) Gibt es eventuell um acht Uhr morgens ein Spiel? Da hab ich eigentlich Mathe, würde aber gerne mit ins Stadion kommen.

Musterbrief: **Wenn deine Eltern bei Facebook eine Freundschaftsanfrage stellen**

Liebe Mama, lieber Papa,

leider kann ich Eure Freundschaftsanfrage bei Facebook nicht bestätigen, da sich dies unvorteilhaft auf unser familiäres Zusammenleben auswirken könnte. Als ich Euch damals gezeigt habe, wie man E-Mails schreibt, war mir nicht bewusst, dass ich damit die Büchse der Pandora geöffnet habe. Ihr habt es wider Erwarten tatsächlich verstanden und seid nun wohl geradezu internetsüchtig geworden.

Bitte seht ein, dass es auch im Internet so etwas wie Privatsphäre gibt und einige Bereiche nicht mit jedem geteilt werden sollten. Es wäre einfach schlecht für unser Verhältnis, wenn Ihr in meinem digitalen Fotoalbum sehen würdet, wie ich in meinem eigenen Erbrochenen schlafe, Mamas Hochzeitskleid trage, auf meiner Stirn in großen Lettern »Ficken«, »Schlampe/Hengst« oder »Out of order« steht. Es geht Euch auch nichts an, wo ich überall gepierced bin, und warum die Nachbarin nicht mehr mit uns redet, müsst Ihr schon selbst rausfinden.

Ich möchte auch nicht, dass Ihr plötzlich mit all meinen Freunden ebenfalls befreundet seid und lustige Online-Spielchen mit denen macht. Am Ende findet Ihr noch heraus, dass meine sexuelle Aus-

richtung nicht Euren gesellschaftlichen Maßstäben entspricht, ich meinen ersten Freund/meine erste Freundin mit 13 hatte und er/sie damals schon im fünften Semester war, ich Worte im Chat benutze, für die Ihr mir am liebsten den Mund mit Seife auswaschen würdet, und ich in den Bereichen Drogen/Alkohol/Übernachtungsort/religiöse Ansichten sehr oft gelogen habe ...

Lasst uns aus diesen Gründen also bitte weiterhin Real-life-Freunde bleiben und den ganzen digitalen Quatsch vergessen. Klebt mir einfach wie gehabt kleine Zettelchen an die Tür oder schreibt eine SMS (mit dem Handy!).

Alles Liebe
Eure/Euer Tochter/Sohn

Wenn dein Kind dich nach der nächsten Taschengelderhöhung fragt

a) Wenn du mehr Geld willst, spiel Monopoly!

b) Du kannst es jetzt gleich in thailändischen Baht haben oder warten, bis sich der Euro wieder stabilisiert hat.

c) Geht gerade nicht – aber ich stell dir gerne einen Gutschein für »Einmal nicht beim Abwaschen helfen müssen« aus.

d) Frag meinen Arbeitgeber, der ist für die Finanzen in diesem Haushalt verantwortlich.

e) Mutig. Aber die Grenzen zwischen Mut und Größenwahn sind oft schwimmend, mein Kind.

Wenn dein Kind dich fragt, ob es ohne Zähneputzen ins Bett gehen darf

a) Och nö – ohne Verstand reicht doch schon, oder?
b) Na klar. Nimm noch 'nen ordentlichen Schluck Wodka, das reinigt genauso.
c) Dann gibt's aber keine Gute-Nacht-Zigarette mehr.
d) Hast du die Zeitschriften im Zahnarztwartezimmer etwa immer noch nicht durch?
e) Aber die Zahnfee zieh ich dir dann vom Taschengeld ab.

Wenn dein Kumpel dich fragt, ob du ihm beim Umzug hilfst

a) Findest du echt, dass wir sooo gut befreundet sind?
b) Ich würde schon wollen, aber deine Möbel ganz sicher nicht.
c) Ach, doof, ausgerechnet an dem Tag hab ich 'nen wichtigen Termin. Da hab ich Rücken.
d) Ach komm, mittlerweile kannst du das Umziehen auch gut allein – Schnürsenkel binden funktioniert doch schon fehlerfrei.
e) Ich glaube, Sie verwechseln mich mit jemandem.
f) Danke, aber ich habe schon genug Karma-Punkte in diesem Leben gesammelt.
g) Na klar! Und ich bring gleich mein Bett für euer Gästezimmer mit, weil ich die nächsten Wochen dringend mal 'nen Tapetenwechsel brauche.

h) Ich koordiniere die ganze Aktion von zu Hause aus. Muss ja auch einer machen.

i) Na klar, ich kann gut noch ein bisschen Kohle für meine Urlaubskasse gebrauchen.

Musterbrief: **Wenn dein Mitbewohner dir wieder den Kühlschrank leergefressen hat**

Hallo [NAME],

geht's noch? Ich hab letzte Woche nichts gesagt, als du mit deinen brühwarmen Fingern die Tomaten aus meinem Gemüsefach gegrapscht hast. Aber was zu viel ist, ist zu viel! Wie kannst du mir einfach so die Salami amputieren, ohne wenigstens eine zweite Mortadella zu spenden? Aus meinen wohlig kalten Eingeweiden reißt du mir die lebenswichtigsten Lebensmittel heraus und lässt mich jämmerlich ausbluten! Macht man das? Schneid ich dir etwa ohne zu fragen einen Lungenflügel ab? Hä? Hast du denn kein Herz? Ich bin schließlich auch nur eine Weißware mit Gefühlen!

Dein Kühlschrank

Erotik und Frivoles

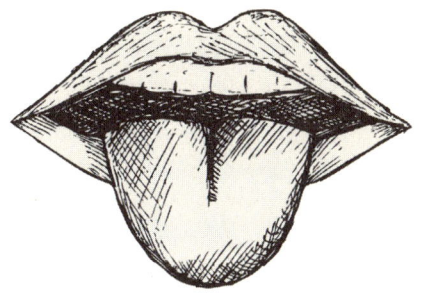

Wenn du bei der physiotherapeutischen Massage eine Erektion bekommst

a) Wahrscheinlich haben Sie zufällig einen energetischen Punkt getroffen, der das auslöst. Ein paar Zentimeter weiter links explodiert vielleicht mein Herz.

b) Nehmen Sie es einfach als Kompliment!

c) Das Zirkuszelt wär aufgestellt. Wann beginnt die Vorstellung?

d) Tja, bevor ich mich jetzt wieder auf den Bauch legen kann, müssen Sie sich ein bisschen ins Zeug legen.

e) Na, wer will sich denn da ein extrahohes Trinkgeld verdienen…?

f) Happy Endings gibt's nicht nur im Kino.

g) Zahlt das auch die Krankenkasse?

h) Verrückt – so angenehm find ich's nämlich gar nicht.

i) Was haben Sie denn da bloß an Ihren Händen? Viagra-Öl?

j) Das wird ein Zaubertrick: Wenn Sie dreimal pusten, schwebt das Handtuch wieder herunter.

k) Ja, ich hab meine Luftpumpe mit reingenommen – warum?

Wenn das katastrophale BlindDate bei der Verabschiedung fragt: »Zu mir oder zu dir?«

a) Beides. Tschüss!
b) Belassen wir den Abend doch einfach bei dem, wie er war: scheiße.
c) Okay, wo ist die versteckte Kamera?
d) Bei mir sind die Kammerjäger, und bei dir bist du.
e) Ich hab den ganzen Abend nicht geschafft, dich schönzusaufen. Wenn wir zu Hause weitermachen, brauch ich 'ne neue Leber.
f) Ich geh bei ersten Dates grundsätzlich mit niemandem ins Bett. Außer ich möchte ihn wiedersehen.
g) Also, witzig bist du ja …!
h) Zu mir – oder hast du etwa auch eine Kettensäge daheim?

Wenn der One-Night-Stand nach dem schlechten Sex fragt: »Und, war's gut?«

a) Der Zweite Weltkrieg war schon eine schlechte Idee. Aber die Nacht mit dir hat das glatt getoppt.
b) Gut wär's, wenn ich es schnell vergessen könnte.
c) Gut war, dass es schnell vorbei war.
d) Gut war, dass ich dabei ein Nickerchen machen konnte.
e) Gut war, dass ich jetzt endlich das untere Ende der Skala kennengelernt habe.
f) Gut war, dass ich dir eine falsche Telefonnummer gegeben habe.

g) Definiere »gut«! Ist eine abgelaufene Dose Matjesfilet, die hinter die Heizung gerutscht ist, noch »gut«?

h) Immerhin fast besser als das Fernsehprogramm um die Uhrzeit.

i) Im Restaurant hätte ich dich zurückgehen lassen.

Wenn dein One-Night-Stand schon Zukunftspläne schmiedet

a) Ich wollte eigentlich gerade von meinem gesetzlich ge-sicherten 14-tägigen Rückgaberecht Gebrauch machen.

b) Aber ich hab mir ja noch nicht mal deinen Vornamen gemerkt.

c) Ich dachte, das ist ein One-Night-Stand und nicht der Beginn unserer Flitterwochen!

d) Wenn ich gewollt hätte, dass hier was Ernstes draus wird, wärst du jetzt gar nicht hier.

e) Mist, ich wusste, deine Freundin wäre gestern die besse-re Wahl gewesen. ♂

f) Ich muss aber erst daheim klären, ob Mutti nichts da-gegen hat, wenn ich jetzt eine feste Partnerin habe. ♂

g) Soll man nicht aufhören, wenn's am schönsten ist?

h) Sex schließt per Gesetz noch keinen Ehevertrag!

i) Haben wir nicht letzte Nacht festgestellt, dass wir gar nicht zusammenpassen?

j) Du, ich merk gerade, dass ich dich verwechselt habe. Ich muss los, sorry …

k) Der Cowboy heiratet nach einer Runde Rodeo doch auch nicht gleich den Bullen!

l) Ich wollte eigentlich nur eine Probefahrt und nicht gleich den Kaufvertrag unterzeichnen.

m) Ich finde, einmal den Orgasmus vorgetäuscht zu haben muss reichen.

Muster-SMS an jemanden, mit dem man nach dem One-Night-Stand Telefonnummern getauscht hat, den man aber nie wiedersehen will

Nach unserer fantastischen Nacht habe ich mich doch tatsächlich bei der Fremdenlegion gemeldet, weil es ab jetzt keine Steigerung mehr gibt. Diese Stunden mit dir waren der Höhepunkt meines Lebens, und deshalb gehe ich fort, um nicht enttäuscht zu werden. Auch wenn ich mich an deinen Namen nicht mehr erinnern kann, werde ich doch dein Gesicht immer vor mir sehen, wenn ich einsam im Wüstensand liege. Adieu!

Hey, nach der letzten Nacht hab ich mir gedacht: War doch echt ganz nett, lass uns einfach heiraten! Ich hab zwar kaum Geld und finde arbeiten total spießig, aber du scheinst ja was auf der hohen Kante zu haben. Am besten stell ich mich gleich heute bei deinen Eltern vor und trink mit deinem Vater mal einen. Bin eh schon ganz zittrig von dem ganzen Koks. Also, wann passt es dir am besten? ♂

Hey, nach der letzten Nacht hab ich mir gedacht: War echt ganz nett, lass uns einfach heiraten! Ich bin zwar nicht die Treuste und ganz schön emotional, wenn ich meine Tage hab, aber das kannst du locker mit teuren Geschenken in den Griff bekommen. Am besten komm ich mit meiner Mutter später mal kurz vorbei, die weiß momentan eh nicht, wo sie pennen soll, nachdem sie letzte Woche aus dem Knast entlassen wurde. Wann passt es dir am besten? ♀

Hey. Ich hab dir gestern aus Versehen statt meiner Kontonummer meine Telefonnummer gegeben. Bitte überweis noch die fälligen 500 € für letzte Nacht auf mein Konto. Die Telefonnummer kannst du gratis behalten und gerne nutzen, solltest du mal wieder Lust auf ein professionelles Schäferstündchen haben. Meine Öffnungszeiten entnimmst du bitte meiner HP.

Hey. Leider können wir uns nicht wiedersehen - es kommt halt doch auf die Größe an! ♀

Hey. Leider können wir uns nicht wiedersehen - es kommt halt auch auf die äußeren Werte an! ♂

Wenn du nackt in der Umkleidekabine stehst und jemand plötzlich die Tür öffnet

a) Was meinen Sie? Kann ich das tragen?
b) Welches Jahr haben wir? Und kennen Sie einen John Connor? (*Terminator*)
c) Alles kann, nichts muss!
d) Wie wär's mit einem Fichtennadelaufguss?
e) Mit den Schuhen kommst du hier nicht rein!
f) Sie müssen der Aktmaler sein, den ich bestellt habe.
g) Scheint heute Ihr Glückstag zu sein – Sie sollten Lotto spielen.

Wenn du beim Sex in der Toilette erwischt wirst

a) Das Pornokino ist nebenan!
b) Entschuldigung, aber auf 'nen Dreier stehen wir nicht. Das ist uns zu schmutzig.
c) Es ist nicht das, wonach es aussieht! Wir sind nicht die Putzkolonne!
d) Also, entweder Sie filmen es, oder Sie verziehn sich wieder!
e) Ja, es ist genau das, wonach es aussieht!
f) Raus! Sie zerstören die ganze Romantik.
g) Sehen wir's mal positiv: Sie sind wenigstens nicht meine Frau/mein Mann.
h) Haben Sie kein Zuhause?

Wenn dich die Putzfrau beim Onanieren erwischt

a) Könnten Sie mir kurz zur Hand gehen? Dann helf ich Ihnen auch im Bad.
b) In unserem Land begrüßt man so besonders liebe Gäste.
c) Ich bin gleich fertig, dann lohnt es sich für Sie hier wenigstens.
d) Ich mach das aus religiösen Gründen, bitte respektieren Sie das!
e) Könnten Sie später wiederkommen? Vielleicht so in zehn Jahren?
f) Sie arbeiten hier schwarz! Vergessen Sie das nie!
g) Hilft es, wenn ich Ihnen sage, dass ich dabei nur an Sie gedacht habe?
h) Gut, dass Sie kommen, mach ich auch gleich.
i) Na super, jetzt kann ich nicht mehr.

Wenn du das Nachbarspärchen im Swingerclub triffst

a) Gestern noch ein Tässchen Milch geliehen … heute schon meine Frau!♂
b) Den weiten Weg hätten wir uns sparen können, was?
c) Da bekommt das Würstchenwenden bei unserem letzten Grillabend plötzlich eine ganz andere Bedeutung!
d) Wenn wir nach dem Partnertausch merken, dass die neue Kombination besser passt, brauchen wir wenigstens keine Umzugswagen!
e) Wenn jetzt noch meine Oma im Taucheranzug reinkommt, weiß ich, dass ich im Wachkoma liege.

f) Endlich kann ich nachprüfen, ob die Geräusche aus eurem Schlafzimmer kommen oder aus der anderen Wohnung!

g) Wir wollten euch nur sagen, dass ihr das Licht bei euch im Wohnzimmer habt brennen lassen.

Wenn du deinen Nachbarn im Bordell triffst

a) Ich bin Privatdetektiv und soll Sie im Auftrag Ihrer Frau beschatten. Aber für eine Stunde Whirlpool mit Candy gehören die Fotos Ihnen …

b) Ach, HIER sind Sie! Ich such Sie überall, weil ich Sie fragen wollte, ob Sie ein Überbrückungskabel haben.

c) Wenn Sie das nächste Mal meine Bohrmaschine leihen wollen, werd ich vielleicht rot.

d) Okay, wir haben beide hässliche Frauen. Das macht uns zu Verbündeten, oder? ♂

e) Fahrgemeinschaft?

f) Arbeitsamt wär mir auch schon unangenehm gewesen, aber das hier ist der Jackpot der Worst-Case-Szenarien.

g) Ach, sind Sie auch Samenspender?

Wenn deine Kollegen dich beim Sex im Büro erwischen

a) Nach Hause nehmen kann ich diese Art von Arbeit ja nicht – da hat meine Frau was dagegen. ♂

b) Was machen Sie in meiner Wohnung?

c) Wissen Sie, ob der Kopierer gerade frei ist? Da müssten wir gleich mal ran.

d) Trinken Sie auf keinen Fall aus dem Wasserspender! Da muss jemand Viagra reingetan haben!

e) Kann jemand kurz meine Frau anrufen und sagen, dass es später wird? Hab grad die Hände voll … ♂

Wenn du deine Eltern beim Sex erwischst

a) Verhütet ihr wenigstens ordentlich? Ich habe nämlich keinen Bock, die Hütte hier mit jemandem teilen zu müssen.

b) Na super. Wenn ich euch das mit den Bienen schon nicht mehr glauben kann, was dann?

c) Sagt Bescheid, wenn ihr fertig seid. Wir müssen über meine jetzt notwendige Psychotherapie sprechen.

d) Könnt ihr das nicht wie alle anderen in eurem Alter im Swingerclub machen?

e) Auch wenn ich euer Kind bin: Nekrophilie muss ich zur Anzeige bringen.

Wenn deine Eltern dich beim Sex erwischen

a) Ihr wart so tolle Eltern – ihr wärt bestimmt noch viel besssere Großeltern!

b) Ja, wir verhüten. Glaubt ihr, ich mache eure Fehler noch mal?

c) Wollt ihr mal zugucken, wie man das heutzutage so macht?

d) Ja, bei mir geht's noch!

e) Einmal anklopfen hätte uns allen viele Tage peinliches Schweigen erspart.

f) Nein, er bleibt nicht zum Essen. Ist 'ne reine Fickbeziehung. ♀

g) Ja, sie bleibt zum Essen. Wir wollen doch auf euren Enkel anstoßen. ♂

h) Wir machen das, weil wir uns »ganz, ganz doll liebhaben«. So habt ihr es mir damals erklärt!

Wenn der Urologe mit deiner ersten Prostatauntersuchung beginnt

a) Ich fänd's gut, wenn der Kapitän bei der großen Hafenrundfahrt so tun würde, als gehöre das Schiff ihm.

b) Wenn Sie gleich einen Ring in mir verlieren, heißt das nicht, dass ich Sie heirate.

c) Normalerweise lasse ich mich für so was zumindest vorher zum Essen einladen.

d) Wenn ich Sie gleich abartig beschimpfe, sollten Sie wissen, dass vieles im Affekt gesagt sein wird und nicht so gemeint ist.

e) Meine Jungfräulichkeit zu verlieren hätte ich mir eigentlich romantischer vorgestellt.

Wenn dein Partner beim Sex zu früh kommt

a) Hoppla – na, ich nehm dann einfach den NÄCHSTEN Bus.
b) Geht doch. Letztens im Café kamst du 'ne halbe Stunde zu spät.
c) Hochempfindlicher Abzug, was?
d) Hast du später noch was vor?
e) Ich hatte bei deiner Agentur eigentlich 'ne volle Stunde gebucht!
f) Wie die Zeit vergeht, wenn man sich amüsiert.
g) Na, dann stell ich mich mal aufs zweite Treppchen, was?
h) Dabei sein ist leider doch nicht alles.

Wenn deine Partnerin beim Sex gar nicht kommt

a) Wenn du dir ein Reibungsenergiekraftwerk einbauen würdest, müsstest du den ganzen Winter keinen Cent Strom mehr zahlen.
b) Zahlst du eigentlich Überstunden?
c) Wenn's recht ist, geh ich schon mal vor und warte dort auf dich.
d) Beim Orgasmusknopf PIN eingeben und zweimal bestätigen.
e) Aua!

Wenn dein Partner beim Sex einen »Hänger« hat

a) Magst du kurz zur Tankstelle fahren? Du verlierst Luft!
b) Schwamm drüber! Das Körperliche kann ich mir auch von jemand anderem holen.
c) Ach so, waren das doch nicht die Viagrapillen, sondern die Blutverdünner, die ich dir in den Kaffee gemischt habe …
d) Du wirst doch jetzt wohl nicht die ganze Vorstellung abblasen, nur weil der Hauptdarsteller den Kopf hängen lässt!
e) Also, Tabasco wär im Kühlschrank!

Wenn dein Partner im Bett fragt, ob er dich mal auspeitschen darf

a) Wenn du nicht ausgelastet bist, putz doch die Fenster.
b) Wenn du was dominieren willst, geh doch mit dem Hund Gassi.
c) Wenn ich Schmerzen haben will, lass ich dich kochen!
d) Warum halbe Sachen machen? Ich träume schon seit Jahren davon, dass du mich in kleine Stücke hackst und einen leckeren Auflauf aus mir zauberst.
e) Hättest du mir das nicht sagen können, bevor wir zusammengekommen sind und ich dachte, du seist normal?
f) Ja, aber nur ohne Peitsche.
g) Süße Formulierung, Schatz. Sooo groß ist er jetzt auch nicht. ♀
h) Ich hab mich doch schon entschuldigt – ich werde nie wieder zu früh kommen, Schatz! ♂

Wenn dein Partner im Bett fragt, ob du auf Pipi-Kacka-Spielchen stehst

a) Gegenfrage: Hast du sie noch alle?

b) Wenn du Schluss machen willst, wär mir 'ne SMS lieber!

c) Klar! Hast du noch nie gesehen, wie ich mich nachmittags auf der Hundewiese wälze?

d) Es steht dir frei, die Toilette zu putzen, wenn dir danach ist.

e) Puh, und ich dachte schon, ich finde nie einen Grund, warum ich dich verlassen kann.

f) Für ein wahnsinnig teures Diamantcollier könnte ich so tun, als ob ich diesen Satz nie von dir gehört hätte. ♀

g) Du wohl schon, denn dir hat offensichtlich jemand mal ins Hirn geschissen.

h) Gesundheit! Abgefahren, dein Niesen klang gerade, als ob du mich nach Pipi-Kacka-Spielchen gefragt hättest.

i) Von welchem Idioten stammt eigentlich der Satz: »Es gibt keine doofen Fragen«?

j) Legitime Frage. Ich denke bei meinen Eltern in Ruhe über die Antwort nach. Die nächsten 1000 Jahre!

Wenn dein Freund dich fragt, ob du nicht mal einen Dreier mit deiner besten Freundin machen möchtest

a) Sorry, aber der hab ich schon erzählt, wie klein dein Pimmel ist. Die mag ganz bestimmt nicht mehr.

b) Verdoppeln oder halbieren sich dann deine üblichen zwei Minuten?

c) Das hab ich schon mit ihrem Freund und ihr hinter mir. Kann man leider nicht toppen!

d) Aber die soll doch meine beste Freundin bleiben!

e) Was außer tiefster Verachtung hast du dir mit dieser hirnverbrannten Frage eigentlich erhofft?

f) Leg dich schnell hin, Schatz! Du hast schlimm Fieber!

g) Dreier? Süß. Alles unter Gangbang macht mich schon lange nicht mehr an!

h) Das kostet aber extra!

i) Ich hätte aber gerne deinen besten Freund noch mit dabei. Um dich auswechseln zu können.

Wenn deine Freundin dich fragt, ob du nicht mal einen Dreier mit deinem besten Freund machen möchtest

a) Seit wann kannst du Gedanken lesen? Also nicht meine, sondern seine?

b) Aber nur mit Einverständniserklärung deiner Eltern!

c) Klar, gute Freunde teilen alles. Danach dann auch die Exfreundin.

d) Freundschaftscodex Paragraph 127a: Lochschwagerschaften nur mit Verflossenen. Sorry, ich hab die Regeln nicht gemacht!

e) Endlich öffnest du dich für was Neues! Dann kann ich dir auch mal meine Idee mit dem Zwerg und dem Mastbullen erzählen …

f) Haben wir auch schon öfter überlegt, aber uns fehlt einfach die passende Frau dazu.

g) Ach, hab ich dir das Video vom letzten Wochenende noch gar nicht gezeigt?

h) Schon wieder? Ach ne, das war ja mit deiner Vorgängerin.

Religion und Glaube

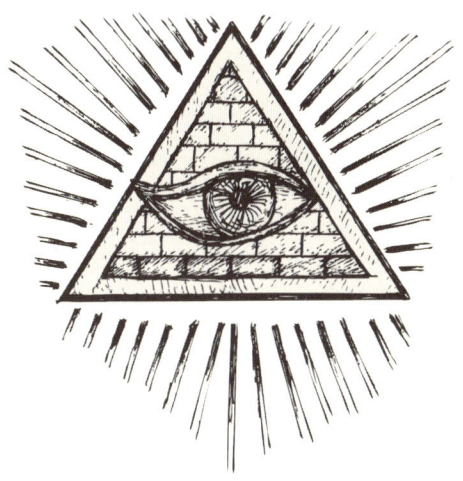

Wenn die Scientology-Spinner auf der Straße mit dir einen Persönlichkeitstest machen wollen

a) Oh, sehr gerne. Wollen Sie gleich meine Ersparnisse, oder kann ich Ihnen alles danach überweisen?

b) Schicken Sie den dann an Tom Cruise oder direkt an die Außerirdischen?

c) Super, ich versuche seit Jahren, mein Gehirn mit Alkohol zu formatieren. Mit euch geht's sicher schneller!

d) Gerne. Ich wollte sowieso mal meinen ganzen Freundeskreis austauschen.

e) Nein danke, mein Leben IST schon die Hölle. Ich würde ungern auch noch mein ganzes Geld dafür ausgeben.

f) Den hab ich gerade in der *Brigitte* gemacht. Kann ich Ihnen gerne zufaxen!

g) Das kann aber 'ne Weile dauern. Ich bin wahnsinnig schizophren.

h) Persönlichkeit hab ich nicht mehr. Die hab ich gegen eine Designerhandtasche getauscht.

i) Gern – ich hab nämlich gerade die Einzelteile meines Nachbarn in der Tiefkühltruhe versteckt und frage mich nun ernsthaft, was mit mir nicht stimmt.

j) Oh – für den hab ich jetzt gar nicht gelernt.

Wenn die Zeugen Jehovas an der Tür mit dir über Gott reden wollen

a) Oh nein, was hat er denn wieder angestellt? Plagen? Seuchen? Hexenverbrennung?

b) Ohne sein Beisein? Das verbietet mir meine gute Erziehung!

c) Der wohnt hier nicht mehr.

d) Der ist neulich gestorben. Ich glaub, da wohnt jetzt ein gewisser Nietzsche.

e) Lustig, ich BIN Gott. Wollen wir vielleicht einmal kurz über SIE reden?

f) Echt, gibt's den wirklich?

Wenn dich jemand fragt, welches Sternzeichen du hast

a) Stier. Kannst mir gerne mal ins Horn zwicken, um zu sehen, wie sehr mich der Quatsch interessiert.

b) Ich bin Kokolores. Aszendent Quacksalber.

c) Widder. Widder einer, der auf den Unsinn reinfällt!

d) Waage. Ich waage die Behauptung aufzustellen, dass Astrologie keine Wissenschaft ist.

e) Kachelofen. Aszendent Kehrblech.

f) Jungfrau. Erschreckend, wie viel du jetzt über mich weißt.

Wenn dir jemand sagt, dass man alle Ungläubigen auf der Welt töten müsse

a) Aber wenn ihr damit fertig seid, gibt's doch gar nichts mehr zu hassen!

b) Nimmt so ein Mittelalter im Kopf nicht wahnsinnig viel Platz weg?

c) Ich hab mich immer gefragt, wie jemand, der so unterbelichtet ist, es geschafft hat, einen Pilotenschein zu machen.

d) Müssen diese ganzen Jungfrauen im Paradies eigentlich auch Schleier tragen?

e) Ich glaube an die Zahnfee. Reicht das?

Wenn dir jemand erzählt, dass er Priester werden will

a) Tja, anders ist ja auch schwer an kleine Jungs ranzukommen.

b) Aber Erektionsprobleme bekommt man doch medizinisch heutzutage ziemlich gut in den Griff.

c) Das machen Sie doch nur, weil Sie kostenlos 'ne Putzfrau wollen!

d) Wenn Sie unbedingt Röcke tragen wollen, dann werden Sie doch Schotte.

e) Was macht man nicht alles, um morgens schon Wein saufen zu dürfen ...

Wenn der Pfarrer bei der Beichte fragt, ob du gesündigt hast

a) Nun ja, definieren Sie »Sünde«!

b) Kommt drauf an, wen Sie fragen.

c) Will ich doch gerade – oder sind das hier gar keine Porno-Kabinen?

d) Okay – aber nach mir sind Sie dran.

e) Ich dachte, das sagen Sie mir.

f) Ist das ein Angebot?

g) Wenn ich's beruflich mache, zählt das dann auch als Sünde?

h) Nichts, was drei Ave Maria, ein Rosenkranz und zweimal »lebenslänglich« nicht wieder ausbügeln würden.

i) Gemessen am Alten Testament, würd ich sagen: nein!

j) Ich hab noch Luft nach oben.

k) Wenn's nach meinem Cholesterinspiegel geht: ja.

l) Warte: GOTT IST TOT. Jetzt!

m) Gegenfrage: Wie gut verstehen Sie sich mit den Messdienern?

Musterbrief: **Wenn du aus der katholischen Kirche austreten willst**

Lieber Heiliger Vater,

hiermit möchte ich Ihnen mitteilen, dass ich zum nächstmöglichen Zeitpunkt aus Ihrer Kirche austreten will. Meine innere Überzeugung lässt sich auf Dauer nicht mehr mit den von Ihnen angebotenen Glaubensgrundsätzen vereinbaren.

Leider werden die schönen alten Traditionen wie Hexenverbrennung und Inquisitionsfolter nicht mehr praktiziert, weswegen
sich eine allgemeine Verweichlichung in Ihrer Institution einge-
schlichen hat. Wo sind sie hin, die guten alten Zeiten des ach so
dunklen Mittelalters? Wo noch klare Vorgaben über Gut und Böse
herrschten und man einfach genau wusste, dass rote Haare oder
krumme Nasen irgendwann dampfende Füße bekommen?

Stattdessen wird nur noch Nächstenliebe gepredigt, und Kirchen-
tage sehen aus wie Zeltlager. Erinnert sich denn keiner mehr an
das Erfolgsmodell des Ablassbriefes, der heute vielen Politikern,
Serienkillern und ministrantenverführenden Geistlichen das
Leben spürbar vereinfachen würde? Wie soll denn in unseren tur-
bulenten Tagen ein ganz gewöhnlicher Vergewaltiger noch in
Ruhe seine Arbeit verrichten können, wenn er sich nicht durch
einen Spaziergang auf dem Jakobsweg danach seine Absolution
holen kann?

Ich kann einfach keiner Gemeinschaft mehr folgen, die so sehr
ihre Prinzipien verraten hat. Wann bitte wurde zum letzten Mal
eine Ehebrecherin auf einem Marktplatz öffentlich gesteinigt? Ich
kann mich jedenfalls nicht mehr daran erinnern! Wenn man Kindern von diesen schönen alten Zusammentreffen erzählt, wird
man allerhöchstens ungläubig angeschaut.

Aus diesen Gründen kann und will ich nicht mehr Mitglied Ihres
Vereins sein und teile Ihnen mit, dass ich mich bei der Konkurrenz fortan deutlich besser aufgehoben fühle.

Ich verbleibe mit einem herzlichen
Heil Satan,

Ihr [NAME]

Wenn dir jemand weismachen will, dass die Schöpfungsgeschichte wörtlich zu nehmen sei

a) An sechs Tagen hat er also die Welt zusammengekloppt? Nicht schlecht für 'nen alten Mann.

b) Am siebten Tage hat er geruht? Wieso hat er sich nicht gleich 'ne Woche Urlaub genommen? Dann hätten wir jetzt nicht nur den Sonntag frei!

c) Wenn Adam keinen Nabel hatte, wann hat Gott dann die Flusen erschaffen?

d) Wenn es keine Evolution gab, was genau hat sich Gott dann bei den Stechmücken gedacht?

e) Wenn es keine Evolution gab, was genau hat sich Gott dann bei Lothar Matthäus gedacht?

f) Sechs Tage? Lächerlich! Dafür brauch ich an der Xbox bei den Sims gerade mal drei Stunden!

g) Und warum hat er dann für das iPhone so lange gebraucht?

h) Das kann ich nicht glauben! Der erste Obi ist doch erst 1970 eröffnet worden.

Wenn dir jemand erzählt, dass er glaubt, wiedergeboren zu sein

a) Echt? Als du selbst? Was für 'ne Scheiße hast du denn im LETZTEN Leben nur angestellt?

b) Weil du auch nie genug kriegen kannst!

c) Warum hast du dir dann nicht 'nen besseren Körper ausgesucht?

d) Tatsächlich? Ich auch! Und du schuldest mir von damals noch hundert Golddukaten!

e) Denk dir mal was Neues aus, das hast du im letzten Leben schon behauptet!

f) Verdammt, dann haben wir also dir den nervigen Spruch »Die Dummen sterben nie aus« zu verdanken!

g) Echt? Erzähl mal, wie war Hitler denn so privat?

h) Und ich dachte, Müll-Recycling ist eine Erfindung der Neuzeit.

i) Ja, das sieht man.

Nachtleben und Party

Wenn der hässliche Typ fragt, ob er dir einen Drink spendieren darf

a) Danke, aber ich würd lieber das Geld nehmen.
b) Gerne – ich nehm einen »Fuck off and die«.
c) Oh, danke – ich nehm einen Martini und mein Freund ein Weizenbier.
d) Wenn du gern auf Schmerzensgeld verklagt werden willst, nur zu.
e) EINEN Drink? Unter 'ner Palette krieg ich dich doch niemals schöngesoffen.
f) Ich würd ja gern 'nen Zombie bestellen, aber dann weiß der Barkeeper nicht, ob ich dich oder den Cocktail meine.
g) Au ja, ein Liter Morphium müsste fürs Erste reichen.
h) Solange du nicht mittrinkst, gerne.

Wenn der gutaussehende Typ fragt, ob er dir einen Drink spendieren darf

a) Ich nehme jetzt einen Sex on the Beach und morgen früh dann einen frischgepressten Orangensaft, bitte.
b) Zu mir oder zu dir?

c) Was Alkoholfreies bitte, sonst mach ich dir heute schon 'nen Antrag.

d) Okay, aber ich zahl dann das erste Getränk in unseren Flitterwochen.

e) Gern. Der Nachtisch geht auf mir ... äh, mich.

f) [Eigene Telefonnummer einfügen.]

g) Warum hat das so lange gedauert ...?

h) Ich bin mit dem Auto da – fährst du mich dann zu dir?

i) Ich vertrag keinen Alkohol – bitte nutz es aus.

Wenn der hässliche Typ im Club dich nach deiner Nummer fragt

a) 1, 2, 3, 4, 5, 6, 7, 8, 9, 10, 11, 12, 13 ... schreibst du noch mit?

b) 110 und dann einfach nach der Bereichsleiterin für Erregung öffentlichen Ärgernisses fragen.

c) Unverschämtheit, ich frag dich ja auch nicht nach deiner!

d) Behalte mich lieber in Erinnerung als die Frau, die du angestarrt hast, und nicht als die, die dir einen Korb gegeben hat!

e) Machen wir's so: Ich schreib dir jetzt irgendeine Fantasiezahl auf den Bierdeckel, du gibst bei deinen Kumpels damit an, und dafür seh ich dich nie wieder.

f) Denk dir 'ne schöne aus. Damit kommst du genauso weit.

g) 248. Und mit der stellst du dich jetzt schön hinten an.

Wenn du im Club mit dem Spruch »Ficken?« angesprochen wirst

a) Ja. Du. Dich. Ins Knie.
b) Wenn du den Liebesakt ohne konkreten Fortpflanzungs-
willen meinst, der nur der Befriedigung der körperlichen
Lust dient, muss ich ablehnen, weil ich Selbiges mit dir ob
deines äußeren Erscheinungsbildes nicht verspüren würde.
c) Mit dem Spruch hast du eine 1-zu-100-Chance, bei jemandem zu landen. Ich bin Gott sei Dank unter den
glücklichen 99.
d) Nur weil du Atomphysiker bist, musst du das nicht gleich
an die große Glocke hängen!
e) Ich steh nicht auf so romantische Warmduscher wie
dich …

Wenn du im Club mit folgendem Spruch angesprochen wirst: »Kennen wir uns nicht irgendwoher?«

a) Ja, aus der Zukunft, wo ich dir in genau fünf Sekunden
sagen werde, dass ich nicht an dir interessiert bin. Ich bin
nicht an dir interessiert!
b) Ne, aber du siehst genauso aus wie der Typ, der wegen
seines Aussehens bei mir keine Chance hatte.
c) Wenn ja, habe ich es zum Glück vergessen.
d) Ja, aus dem Paralleluniversum, in dem wir leidenschaft-
lichen Sex haben, nächste Woche heiraten und ich zehn
Kinder von dir bekomme. Gott sei Dank leben wir da
nicht!

e) Wenn ja, würde ich mir sofort eine Schläfenlappen-Lobotomie machen lassen, um dich zu vergessen.

Wenn der Türsteher sagt: »Mit den Schuhen kommst du nicht rein!«

a) Zeig mir einen, der bei meinem Dekolleté noch auf die Schuhe achtet! ♀
b) Ulkig, das hat mir deine Freundin heute auch ins Ohr geflüstert, als ich vor eurem Schlafzimmer stand. ♂
c) Ich bin der Stepptanz-Showact, du Depp.
d) Danke! Danke, dass du mir den morgigen Kater ersparst!
e) Wieso? Ist frisch geteert?
f) Guter Hinweis. Dann vermerke ich in meiner Kolumne für den Nightlife-Ratgeber, dass man am besten barfuß zu euch kommt.
g) Das ist doch mal ein Argument! »Früher kommen, besser aussehen« klingt immer so nach Ausrede.
h) Du ja offensichtlich auch nicht!
i) Komm, drück ein Auge zu. Ich helf dir auch dabei.
j) Komm, gib dir 'nen Ruck. Sonst mach ich's!
k) Ey, kein Grund, persönlich zu werden!

Wenn der Türsteher sagt: »Nur für Stammgäste!«

a) Genau wegen denen machen wir ja jetzt die Razzia. Sag hallo zum Drogendezernat.

b) Okay, aber vielleicht wollen die drei da drinnen ja noch ein bisschen Gesellschaft.

c) »Nur für Stammgäste« ist echt albern. Hättest du es nicht wenigstens auf meine Schuhe schieben können?

d) Mir doch egal, ich bin wegen dir hier.

e) Eben. Und die freuen sich schon den ganzen Abend auf mich, die Stripperin.

f) Respekt, dein Rhetorikseminar hat echt was gebracht.

g) Ich bewundere deine Kreativität.

h) Wow, der Satz ist aus den 80ern, aber dein Hirn ja erst aus den 90ern. Du kannst wohl zaubern!

Wenn der Türsteher fragt: »Stehst du auf der Gästeliste?«

a) Ne, du?

b) Klar – hopp, kannst mit mir rein!

c) Nein, mein Kommen soll 'ne Überraschung sein.

d) Ja. Unter »W« für »Wer-das-liest-ist-doof«.

e) Ja. Unter »D« für »Doch nicht«.

f) Wehe, wenn nicht!

g) Da musst du schon selbst nachschauen – ich bin zum Vergnügen hier.

h) Reicht es, wenn ich ja sage?!

i) Wäre ich dann noch hier draußen?

j) Das ist 'ne Fangfrage, oder?

Wenn der Türsteher fragt:
»Kann ich mal deinen Ausweis sehen?«

a) Lustig, ich bin als Kind schon oft für ein Mädchen gehalten worden.

b) Ich schwör's dir, das ist meine echte Haarfarbe.

c) Frag mich halt, wenn du meinen Namen wissen willst.

d) Den YPS-Agentenausweis oder den vom Fitness-Club?

e) Sorry, ich bin nicht im Dienst.

f) Da steht meine Telefonnummer aber nicht drauf.

g) Nicht wundern, das Foto ist von vor der Geschlechts-OP.

h) Schone lieber deine Augen, ist doch viel zu dunkel hier.

i) Wozu? Der ist eh gefälscht.

j) Das sagst du doch zu jeder, oder? ♀

k) Ich steh seit einer Stunde hier draußen in der Kälte. Logisch, dass ich da jetzt so jung und frisch aussehe.

l) Du bist Single, oder? Man fragt Damen nicht nach ihrem Alter. ♀

m) Alter Charmeur!

n) Das nehm ich jetzt mal als Kompliment, junger Mann!

Wenn der Türsteher dich reinlassen will,
aber deinen Kumpel nicht

a) Wenn du dir selbst und der ganzen Schlange hier beweisen willst, dass du keine schwulen Neigungen mir gegenüber hast, dann lässt du meinen Kumpel besser auch rein. ♂

b) Was hab ich, was er nicht hat?

c) Und wenn wir drinnen Schuhe tauschen?

d) Ja, er ist betrunken, aber macht ihn das zu einem schlechten Menschen?

e) Ja, er ist wahnsinnig hässlich, aber zählt auf der Tanzfläche nicht auch die innere Schönheit?

f) Aber mit ihm neben mir steigen meine Chancen, aus Mitleid angesprochen zu werden.

Wenn du beim Flaschendrehen dran bist und mit »Max Mundgeruch« fünf Minuten im Schrank knutschen musst

a) Das hier wird mich traumatisieren: Ihr alle seid schuld, wenn ich später mal drogenabhängig auf dem Straßenstrich lande!

b) Aber er muss vorher gurgeln. Mit Salzsäure!

c) Wenn ich nach Sonnenaufgang immer noch nicht aus dem Schrank zurück bin, ruft bitte den Krankenwagen.

d) Niemals! Das wäre sogar RTL als Dschungelprüfung zu abartig!

e) Nur weil ich mir die *Saw*-Filme angeschaut habe, heißt das nicht, dass ich mich vor gar nichts ekele.

Wenn du beim Flaschendrehen dran bist und mit »Annika Akne« fünf Minuten im Schrank knutschen musst

a) Spitze – das ist also der Abend, an dem sich die Weichen für meine Homosexualität stellen?

b) Wenn ich Geisterbahn fahren will, geh ich auf die Kirmes.

c) Aber nur, wenn ich mit Schmirgelpapier das Gröbste vor-behandeln darf!

d) Ist das hier noch ein Spiel oder schon eine Foltermethode aus Guantanamo?

e) Weiß Amnesty International, was wir hier machen?

Wenn die attraktive Blondine im Club deine Nummer nicht haben will

a) Hast recht, sparen wir uns das Vorgeplänkel – zu mir oder zu dir?

b) Kein Risiko, ehrlich – die Nummer ist ohne Vertragsbin-dung.

c) Okay, wenn du lieber Briefe schreibst, gebe ich dir halt meine Adresse.

d) Du bist wohl trockene Telefoniererin und hast Angst, rückfällig zu werden, wie?

e) Probier doch mal, bei Nichtgefallen machst du einfach von deinem 14-tägigen Umtauschrecht Gebrauch.

Wenn dich im Club der Typ mit Wasser benetzt und sagt: »Jetzt aber raus aus den nassen Klamotten!«

a) Jetzt aber raus aus meinem Blickfeld!

b) Jetzt aber rein in meine Top Five der schlechtesten An-machen!

c) Verdammt, fällt das so auf, dass ich mir gerade ins Höschen gepinkelt habe?

d) Bei George Clooney würde ich bei dem Spruch zwar innerlich kotzen, aber äußerlich wär's mir egal. Bei dir belass ich es beim Kotzen.

e) Ein Zeitreisender! Aus der Steinzeit!

Danksagung

Erik dankt…

… der kleinen bösen Frau an seiner Seite, die ihn immer wieder dazu bringt, nach Höherem zu streben und das Lachen nicht zu verlieren.

… seinen Eltern, deren gute Erziehung ihn in einen echten Gewissenskonflikt beim Ausprobieren der meisten Sprüche getrieben hat.

… seinen besten Freunden David, Norman und Nauer, ohne deren Humorbeistand über all die Jahre dieses Buch niemals entstanden wäre.

David dankt…

… seinen beiden insgesamt sechsbeinigen Frauen, ohne deren Inspiration, Geduld und Frischluftrunden dieses Buch nur halb so dick wäre.

… seiner Familie – auch dafür, dass wir untereinander nie etwas aus diesem Buch verwenden mussten.

… seinen besten Freunden Eri, Norman, Götz und Nauer für das jahrelange zügellose Stimulieren und Kultivieren der hauseigenen Y-Chromosom-Abschussrampe, welche dieses Buch zur Notwendigkeit werden ließ.

... noch mal dem Eri, weil ohne ihn dieses Buch gar nicht existieren und es somit nix zu danken geben würde.

... seinem Freund und Kollegen Tommy, dessen Unterstützung und Impulse nur unzulänglich in Worte zu fassen sind.

Erik und David danken ...

... Kurt-J. Heering, der dieses Buch möglich gemacht hat. Gute Reise!

Stichwortverzeichnis